Maira Stork

Seitdem ist alles anders

Maira Stork

SEITDEM IST ALLES ANDERS

Wegweiser nach dem Suizid eines Angehörigen

Mit viel Raum für deine Gedanken

BONIFATIUS

Bibliografische Information der Deutschen Nationalbibliothek
Die Deutsche Nationalbibliothek verzeichnet diese Publikation in der Deutschen Nationalbibliografie; detaillierte bibliografische Daten sind im Internet über http://dnb.ddb.de abrufbar.

Grafik und Gestaltung: Maira Stork
Druck und Bindung: Pustet, Regensburg /printed in Germany

ISBN 978-3-89710-739-7

www.bonifatius-verlag.de

Für Mama

Weil du immer für mich da warst, bist und sein wirst.
Wo ich bin, bist auch du.
Und trotzdem fehlst du mir so sehr.

Inhalt

** Hier kannst du aktiv werden.*

Vorwort

Wenn du dieses Buch in deinen Händen hältst, hast du einen schweren Verlust erlitten. Ein Mensch, der dir sehr nahestand, hat sich das Leben genommen und deine Welt liegt in Trümmern.
Du wurdest plötzlich mit einer Situation konfrontiert, mit der du nie gerechnet hast. So etwas Schlimmes passiert schließlich „immer nur anderen." Von jetzt auf gleich wurde dir der Boden unter den Füßen weggerissen und du weißt nicht mehr wohin.
Zumindest ging es mir so, als sich meine Mutter infolge einer schweren Depression das Leben genommen hat. Ich fühlte mich alleingelassen und verloren, habe nach jedem Strohhalm gegriffen, der sich mir bot, um aus meinem schwarzen Loch herauszukommen. Trotzdem war und ist es ein langer und schwerer Weg.
Um ihn zu bestreiten, muss man irgendwann den ersten Schritt gehen, und wenn du dieses Buch erworben hast, bist du entweder schon ein ganzes Stück allein gegangen und hast nun nach weiterer Hilfe gesucht oder du bist bereit, deinen ersten Schritt mit mir zusammen zu gehen.
So oder so: Ich möchte dich ein Stück deines Weges begleiten. Ich möchte versuchen, dir Beistand und Tipps zu geben, um besonders die erste Zeit nach dem Verlust gut zu überstehen. Dir etwas von meiner Geschichte erzählen, damit du feststellst, dass du nicht alleine bist. Dir zeigen, dass alles, was du gerade fühlst und denkst, egal in welcher Phase der Trauer du dich befindest, ganz normal ist. Ich möchte dich dazu ermutigen, dich aktiv mit deiner Trauer auseinanderzusetzen. Vor allem aber, möchte ich dich an den Punkt bringen, an dem du selbst wieder davon überzeugt bist,

dass ein erfülltes Weiterleben möglich ist. Du wirst irgendwann wieder Glück empfinden, darauf gebe ich dir mein Wort.

Dieses Buch ist eine autobiografische Schilderung meiner Erfahrungen mit dem Verlust durch Suizid. Ich bin keine Psychologin und habe auch keine Ausbildung in dem Bereich der Trauerarbeit. Viele meiner Ratschläge sind subjektiv, da ich nur aus meiner Perspektive berichten kann. Das Buch soll als ein erster Ansatz dienen, eine schnelle und leichtverständliche Trauerhilfe. Gerade in der ersten Zeit fällt es einem schwer, sich zu konzentrieren und daher sind lange, schwierige Fachtexte kaum verdaubar.
Ich schildere sehr persönlich und direkt, was mir passiert ist, wie es mir dabei ergangen ist und welchen Weg ich gegangen bin, damit es mir heute wieder gutgeht. Dabei gebe ich dir viele Anregungen, wie du deine Trauer verarbeiten kannst. Das Buch enthält auch Übungen, die dich sofort aktiv werden lassen.
Vergiss bei meinen Schilderungen und den Impulsen, die ich dir geben möchte, bitte nicht, dass es sich dabei um **meine** Erfahrungen und **meine** Meinung handelt. Du wirst nicht allem davon zustimmen und vielleicht Widerstände gegen einige Punkte haben. Wenn du etwas liest, das absolut nicht deiner Meinung entspricht, störe dich nicht daran und überspringe die Zeilen einfach. Wir ticken alle anders und können nicht in allen Punkten einer Meinung sein.
Ich hoffe natürlich, dass du größtenteils nachempfinden kannst, was ich dir erzähle, und dass dir meine Worte helfen.

Einige Ratgeber zum Thema Trauer nach Suizid geben keine Antwort auf die Frage, warum sich jemand das Leben nimmt. Man liest oft, dass die Beweggründe dahinter zu komplex seien und man

keine Antwort geben könne, die auf alle Betroffenen zutrifft. Das sehe ich einerseits genauso, andererseits treibt aber genau diese Frage uns Hinterbliebene um. Sie nicht zu beantworten, macht eine erfolgreiche, gesunde Trauerbewältigung in meinen Augen unmöglich, da sie essentiell für die Themen „Beziehung zum Verstorbenen" und „Schuld" ist.
Mir ist es daher wichtig, dir eine Antwort auf die Frage „Warum hat mein geliebter Mensch sich das Leben genommen?" zu geben. Dabei beziehe ich mich aber ausschließlich auf Suizide, die infolge einer psychischen Erkrankung erfolgt sind.

Während des Schreibens bin ich auf kleine Problematiken gestoßen. Zum Beispiel musste ich mich entscheiden, ob ich den Leser, also dich, duze oder sieze. Wie du merkst, habe ich mich für das Du entschieden. Ich hoffe, du bist damit einverstanden. Ich teile in diesem Buch meine schlimmste Erfahrung mit dir, meine persönlichsten Gedanken. Ich hätte nicht so offen über so Privates schreiben können, wenn ich dich gesiezt hätte.
Eine weitere Formulierungsschwierigkeit ist für mich die Anrede des Suizidenten. Ich benutze im Verlauf des Buches die Begriffe „geliebter Mensch", „Verstorbener", „Angehöriger" und „nahestehende Person". Die Pronomina, die ich anschließend verwende, beziehen sich in ihrem Geschlecht immer auf das verwendete Nomen. Nimm es mir daher bitte nicht übel, wenn ich „er" schreibe, obwohl du zum Beispiel deine Schwester verloren hast.

Eine Weggefährtin: Lydia Willemsen

Wie schon gesagt, bin ich keine Psychologin, keine Therapeutin und habe auch sonst keinerlei Ausbildung im Bereich der Trauerbegleitung. Aber selbstverständlich vermittle ich dir in diesem Buch keine Ratschläge, die nicht geprüft wurden.
Als meine Mutter sich das Leben genommen hatte, fand ich meine wichtigste Ansprechpartnerin in Lydia Willemsen.
Lydia ist Diplomsozialarbeiterin mit einer Zusatzausbildung zur Sozialtherapeutin und Trauerbegleiterin und arbeitet beim Caritasverband Paderborn e.V. mit dem Schwerpunkt „Lebens- und Trauerbegleitung".
Mit ihrer Erfahrung, ihren Impulsen und unzähligen heilenden Gesprächen half sie mir nicht nur durch meinen Trauerprozess, sondern stand mir auch bei der Erstellung dieses Buches jederzeit mit Rat und Tat zur Seite.

"

Es ist mir eine „Herzensangelegenheit", dass Trauernde sich nach den heftigen Verlusterfahrungen irgendwann wieder ganz vom Leben berühren lassen. Dass sie, nachdem sie der Trauer einen Raum gegeben haben, mit der Erkenntnis weiterleben, dass Trauer und Lebensfreude zum Leben gehören und die Lebensfreude nur dann voll zum Klingen gebracht werden kann, wenn auch die Trauer eine Daseinsberechtigung hat und ebenfalls zum Ausdruck gebracht werden kann.
Zum anderen ist für mich die Begegnung mit Trauernden immer bereichernd und für mein Leben sehr wertvoll. Gemeinsam gehen wir ein Stück des Lebensweges.
So halte ich es mit dem Hirnforscher Gerald Hütter:

„Das Einzige was der Mensch braucht, um glücklich zu sein, sind andere Menschen, mit denen er seine Wahrnehmungen, seine Empfindungen, seine Erfahrungen und sein Wissen teilen kann."

“

Lydia Willemsen, Januar 2018

Wie funktioniert dieses Buch?

Wie ich schon erwähnt habe, wirst du in diesem Buch dazu ermutigt, dich mit deiner Trauer auseinanderzusetzen. Dazu findest du immer wieder Seiten mit Übungen, bei denen du selbst aktiv werden sollst. Um diese Seiten oder andere Stellen, die dir besonders gut gefallen, schnell wieder zu finden, habe ich dir Lesezeichen gestaltet, die du auf der nächsten Seite findest. Du kannst sie dir bei Bedarf ausschneiden und auf die entsprechenden Seiten stecken.
Im Inhaltsverzeichnis sind Kapitel, in denen du selbst aktiv werden kannst, mit einem * gekennzeichnet. Auch so kannst du sie schneller wiederfinden.
Am Ende jedes Kapitels findest du eine kurze Zusammenfassung in Stichpunkten, falls du schnell nochmal etwas nachlesen möchtest.

Ich empfehle dir, das ganze Buch zu lesen und nicht nur die Kapitel, die dich besonders interessieren. Ich kenne es aber von mir selbst, dass ich manchmal Kapitel überspringe. Aus diesem Grund wiederholen sich manche Inhalte teilweise, sodass jedes Kapitel für sich stehen kann. Trotzdem funktioniert das Buch am besten als Einheit.

Generell möchte ich dir noch sagen, dass es mir wichtig ist, Trauerverhalten nicht zu bewerten. Jeder geht seinen eigenen Weg, auf seine eigene Art und Weise und in seinem eigenen Tempo. Es gibt keine Bewertung, kein Richtig oder Falsch. Ich gebe dir Ratschläge, aber welche du davon annimmst, bleibt alleine dir überlassen. Jeder Mensch trauert unterschiedlich, darum sieh es mir bitte nach, wenn manches nicht auf dich zutrifft. Dennoch bin ich mir sicher, dass du dich in vielen Punkten wiedererkennen wirst.
Ich selbst habe während meines eigenen Trauerprozesses gelernt, dass Austausch hilft. Gleichgesinnte finden ist ein wichtiger Schritt auf dem Weg zur Besserung. Darum möchte ich meine Geschichte mit dir teilen, möge sie dir Kraft schenken.

Maira Stork, Januar 2018

Schreiben
Schreiben
Schreiben
Schreiben
Wichtig
Wichtig
Wichtig
Wichtig
Ausschneiden
Kalender
Notfallkoffer
Traumtagebuch

Lesezeichen

1 Die Nachricht

An den Tag und besonders an den Moment, in dem wir von dem Tod unseres geliebten Menschen erfahren haben, werden wir uns für den Rest unseres Lebens erinnern. Wann, wie und wo wir es erfahren haben, bekommen wir nicht mehr aus dem Kopf. Immer und immer wieder spielt sich die Situation in unseren Gedanken ab. Immer und immer wieder fühlt es sich genauso irreal an wie beim ersten Mal. Mit der Zeit verdrehen sich vielleicht einige Einzelheiten. Wir sind uns nicht mehr sicher, wer uns die Nachricht überbracht hat oder wie genau unsere erste Reaktion war. Aber den Schock und den Schmerz werden wir nie vergessen.

Mir klingt noch heute der Satz in den Ohren „Silke hat sich umgebracht.", auch wenn ich mir nicht mehr sicher bin, wer ihn zu mir sagte. Ob es mein Onkel oder meine Tante war. Noch heute zieht sich mein Magen zusammen, wenn ich daran denke. Noch heute spüre ich meine Panik, meine Abwehr. Noch heute fühlt es sich so an, als könne es einfach nicht wahr sein, was mir da mitgeteilt wurde.

Diese Nachricht ist der Moment, indem sich unser ganzes Leben ändert. Wie auch immer es vorher ausgesehen hat, ab diesem Moment wird es nie wieder dasselbe sein.

Ein einziger Satz, ausgesprochen in weniger als zwei Sekunden, hat mit einem Mal alles zerstört, woran ich geglaubt habe. Silke hat sich umgebracht. Vier Wörter, die unzählige Konsequenzen und Gefühle mit sich brachten.

Seitdem ist alles anders.

Mein Leben wurde aus den Fugen gehoben, mein Vertrauen in alles und jeden in seinen Grundfesten erschüttert. Das sind zwar nur Floskeln, aber ich glaube, ich habe in dem Moment zum ersten Mal wirklich verstanden, was sie bedeuten. Denn es hat sich genauso angefühlt. Als hätte jemand mein Leben in die Hand genommen, es ordentlich durchgeschüttelt, sodass vieles zerstört und nichts mehr an seinem alten Platz war, und es dann falsch herum wieder abgestellt. Mein Leben stand buchstäblich auf dem Kopf. Zurück blieben Scherben, die ich mühsam zusammensuchte und probierte zu flicken, was man flicken konnte.
Ich war heillos überfordert, war der Ansicht, dass ich nie wieder glücklich sein würde und wusste, dass mein Leben nie mehr so werden würde, wie es war.

Ich bin tatsächlich bis heute nicht wieder der Mensch geworden, der ich vor Mamas Suizid war. Dieser Mensch werde ich auch nie wieder sein. Nicht nur, weil mir meine Mutter an meiner Seite fehlt, sondern auch, weil ich durch ihren Suizid Erfahrungen gesammelt habe, die andere Menschen in meinem Alter noch nicht sammeln mussten. Dadurch bin ich heute stärker, als ich es vorher war.
Und ich kann heute auch sagen, dass ich wieder glücklich bin. Man schafft es irgendwann wieder glücklich zu sein. Heute, rund zweieinhalb Jahre nach dem Suizid meiner Mutter, gehe ich sogar so weit zu sagen, dass ich wieder unbeschwert glücklich sein kann.
Anfangs war es ein anderes Glücklich. Zum Glücklichsein gesellten sich immer Wehmut und Sehnsucht, weil ich mein Glück gerne mit meiner Mutter geteilt hätte. Ihre Abwesenheit musste ich ihr immer wieder neu verzeihen. Auch heute gibt es natürlich noch Situationen, in denen meine Wut, Trauer und Enttäuschung zurück sind. Aber es gibt eben auch die andere Seite: die Momente, in

denen ich wirklich unbeschwert und ohne Wehmut einfach nur glücklich bin.
Die Ängste und die Sorgen, dass wieder etwas Schlimmes passieren könnte, bleiben leider nicht aus. Seit Mamas Suizid rechne ich täglich damit, wieder jemanden zu verlieren. Um jeden Menschen, der mir wichtig ist, habe ich furchtbare Angst. Aber dennoch weiß ich, dass – egal was für schreckliche Nachrichten einem überbracht werden – man irgendwann wieder lächeln kann.

Schock

Meine Mutter war aufgrund einer schweren Depression in stationärer Psychotherapie. Von dem Moment an, in dem sie die Therapie begonnen hatte, fühlte ich mich sicher. In der Zeit vorher hatte ich mir große Sorgen um sie gemacht, als sie noch zuhause war und ich Tag für Tag merkte, dass wir alle mit ihrer Depression überfordert waren und ihr nicht helfen konnten. Ich hatte Angst, dass sie nie wieder gesund werden würde, wenn sie ihren Zustand nicht selbst als Depression anerkennen würde.
Daher war ich erleichtert, als sie sich im März endlich, wenn auch auf unser Drängen hin, in die Klinik begab, um eine Therapie zu beginnen. Ich gab meine Verantwortung an die Therapeuten ab und habe nicht ein einziges Mal über die möglichen Risiken nachgedacht, die ich damit eingehe. Dass ich gerade das Wertvollste überhaupt in fremde Hände gab, wollte ich irgendwie nicht sehen. Ich war mir sicher, dass ihre Therapie zwar einige Wochen oder Monate dauern würde, aber noch sicherer war ich mir, dass sie nun endlich wieder gesund werden würde. Ich dachte, dass ich bis zum Sommer meine Mama wiederhaben würde.
Selbst nachdem sie, während sie noch zuhause war, ein paar Mal geäußert hat, dass sie so nicht leben wolle, habe ich keinen einzigen Moment daran gedacht, dass sie sich wirklich das Leben nehmen könnte. Diese Möglichkeit war für mich nicht existent.

Meine Mutter fühlte sich in der Klinik so unwohl, dass sie an den Wochenenden nach Hause durfte. Ein Kompromiss, damit sie die Therapie nicht abbrach. Nach sechs Wochen, nahm sie sich an einem Sonntag Zuhause das Leben.

Wir schrieben an dem Morgen noch bei WhatsApp. Ich fragte sie, ob sie zum Frühstück rüberkommen wolle. Sie antwortete, dass ihre Freundin zum Haareschneiden komme und wir uns am Nachmittag bei meiner Oma zum Kaffeetrinken sehen würden.
Hätte man mir gesagt, dass dies das letzte Mal sein würde, dass wir miteinander schreiben, ich hätte es nicht geglaubt.

Kurz vor dem verabredeten Kaffeetrinken kam meine Oma zu mir und erzählte, dass Mama verschwunden sei. Mein Stiefvater wisse nicht, wo sie ist. Selbst da habe ich mir noch keine Sorgen gemacht. Sie war ja schließlich bei ihrer Freundin, was soll da schon passieren, dachte ich. Woher hätte ich wissen sollen, dass das Treffen mit ihrer Freundin nur ein Alibi war und sie ihr bereits am Morgen abgesagt hatte...?

Ich ging also mit meinem Freund zu meiner Oma zum Kaffeetrinken und wir warteten auf meine Mama und meinen Stiefvater. Während sich meine Oma die ganze Zeit Sorgen machte: „Wo bleiben die denn nur?", blieb ich weiterhin die Ruhe selbst: „Die kommen gleich schon."
Dann hörten wir Schritte. Endlich.
Aber es waren nicht meine Mutter und mein Stiefvater, die zur Tür hereinkamen. Es waren mein Onkel und meine Tante. Mit einer Nachricht.

„Silke hat sich umgebracht."

Meine erste Reaktion damals war leugnen. „Nein, nein, nein, nein, nein, nein, NEIN." War alles, was ich sagen und denken konnte. „Das muss eine Verwechslung sein. Vielleicht hatte sie nur einen

Unfall. Ich muss ganz schnell zur Unfallstelle, sie lebt bestimmt noch. Man kann noch etwas tun. Es ist bestimmt noch nicht zu spät. Ich muss sofort zu ihr." Waren meine nächsten Gedanken.
Keine Faser von mir wollte und konnte akzeptieren, was meine Ohren gehört hatten.
Das ist auch ganz normal. Wir stehen unter Schock. Würden wir sofort begreifen, was passiert ist, würden wir von jetzt auf gleich den vollen Umfang des Ausmaßes verstehen, den diese Nachricht auf unser Leben hat, könnten wir es schlicht und einfach nicht verarbeiten. Unser System würde kollabieren.
Stattdessen schützen wir uns, wehren ab, was wir hören und sind wie gelähmt. Dieser Zustand kann Stunden oder sogar Tage anhalten, das hängt davon ab, wie nah wir dem Verstorbenen standen und wie überraschend uns die Nachricht seines Todes traf.
Meine nächste Reaktion war die Flucht. „Lasst mich hier raus. Lasst mich sofort hier raus!" Schon war ich aus der Küche meiner Oma gestürmt, zur Hintertür hinaus und über unsere Wiese zur nächsten Straße gelaufen, in der meine andere Tante wohnte. „Mama hat sich umgebracht!" Ich verbreitete die Nachricht schon weiter, bevor ich sie selbst verstanden hatte. Vielleicht hat mir das geholfen, es selbst besser nachvollziehen zu können, denn in dem Moment bin ich das erste Mal unter Tränen zusammengebrochen.
Wir Menschen gehen ganz unterschiedlich mit unserem Schock um. Manche sind wie betäubt, nehmen kaum etwas war und reagieren nicht auf äußere Reize. Sie sind wie hinter einer Glaswand. Andere funktionieren schlicht.
Mein Stiefvater zum Beispiel hat stundenlang einfach nur funktioniert; von dem Auffinden meiner Mutter, über Reanimationsversuche, dem Wählen der Notrufnummer bis hin zu Gesprächen mit der Kriminalpolizei. Er wirkte die ganze Zeit gefasst und organi-

siert. Erst am frühen Abend, kamen das erste Mal seine Emotionen hoch. Auch so kann sich unser Schockzustand äußern.
Wieder andere brechen einfach zusammen. Sie können nicht mehr aufhören zu weinen und es kann sehr lange dauern, bis sie sich beruhigen.
Natürlich kann man auch zwischen den verschiedenen Stadien schwanken. Ich glaube, mein Zustand hat sich alle paar Minuten oder Stunden geändert. Mal war ich kaum anwesend, dann habe ich wieder funktioniert, besonders wenn man mir eine Aufgabe gegeben hat. Und immer wieder bin ich ohne Vorankündigung in Tränen ausgebrochen.

Auffindesituation

Einen Menschen zu finden, der sich suizidiert hat, ist eine Extremsituation. Man muss handeln, selbst wenn man noch gar nicht begreift, was man da sieht.

Als mein Stiefvater nach Hause gekommen ist, hat er sich über die offenen Fenster und eine Nachricht meiner Mutter an der Haustür gewundert.

„Achtung! Nicht ins Badezimmer gehen! Kohlenmonoxid! Feuerwehr rufen!"

Er konnte mit dieser Nachricht überhaupt nichts anfangen. Sie machte für ihn keinen Sinn. Kohlenmonoxid? Wie sollte Kohlenmonoxid ins Badezimmer kommen?

Daher betrat er das Haus zunächst ohne Bedenken und versuchte die Badezimmertür zu öffnen, die jedoch anscheinend abgeschlossen war. Er wollte meine Mutter fragen, was los ist, konnte sie jedoch nicht im Haus finden. Ihr Handy lag ausgeschaltet auf einem Schrank im Flur, so konnte er sie also auch nicht erreichen.

Da er davon ausging, dass sie schon bei Oma war, rief er dort an und fragte nach meiner Mutter. Oma konnte ihm aber natürlich nicht sagen, wo sie war. Als nächstes rief er Mamas Freundin an, mit der sie sich treffen wollte. Als er erfuhr, dass Mama ihr abgesagt hatte, kam ihm das erste ungute Gefühl.

Da er die Badezimmertür für verschlossen hielt, ging er von außen zum Badezimmerfenster, die Jalousien waren herabgelassen. Er drückte sie hoch und erkannte einen Feuerkorb, für den Garten, im Badezimmer. Davor nahm er schemenhaft Mamas Umrisse wahr.

„Hier stimmt etwas nicht."

Als er sich letztendlich mit voller Kraft gegen die Badezimmertür warf, die meine Mutter von innen zwar nicht verschlossen, aber mit Klebeband abgedichtet hatte, schaffte er es sie zu öffnen. Eine wahnsinnige Hitze kam ihm entgegen. Zu seinem Glück riss er direkt das Fenster weit auf und zog die Jalousien hoch. Durch die hohe Konzentration von Kohlenmonoxid in der Luft, hätten ansonsten wenige Atemzüge gereicht, um auch ihn in den ewigen Schlaf zu schicken.
Von hier an funktionierte er.
Notarzt rufen.
Den Anweisungen über das Telefon Folge leisten.
Herz-Druck-Massage.
„Ich glaube, dafür ist es zu spät…"
Dies bestätigten die Sanitäter, die kurz danach eintrafen.
Zu spät.
Eine Kohlenmonoxidvergiftung führt innerhalb weniger Minuten zum Tod. Meine Mutter hatte beim Eintreffen der Sanitäter vermutlich schon drei bis fünf Stunden im Badezimmer gelegen. Sie war schon beim Abkleben der Tür bewusstlos geworden. Sie hatte es nicht mehr geschafft, ihre Arbeit zu vollenden. Sie hatte es nicht mehr auf die Auflagen der Gartenmöbel geschafft, die sie sich als letztes Bett auf den Badezimmerboden gelegt hatte.
Eine halbleere Flasche Weißwein stand zusammen mit einem halbleeren Weinglas neben dem Waschbecken. Daneben ein schwarzes Notizbuch, in dem wir später ihren Abschiedsbrief fanden.

Den Anblick meiner Mutter, wie sie so dalag, bekomme er nicht mehr aus dem Kopf, sagte mein Stiefvater einmal zu mir. Wenn er ins Badezimmer geht, müsse er jedes Mal daran denken.
Wenn man den Verstorbenen selbst findet, kann das Auswirkun-

gen auf das weitere Leben haben. Vielleicht verfolgt einen das Bild ein Leben lang. Manche sagen, daraus könne ein Trauma entstehen. Ich kann das nicht beurteilen, da ich meine Mutter nicht selbst gefunden habe und möchte dieses Thema daher nicht zu weit ausführen. Stattdessen möchte ich auf einen anderen Aspekt eingehen, der zu meinem persönlichen „Trauma" geführt hat: wenn man nicht mehr zum Verstorbenen gelassen wird.

Als ich beim Haus meines Stiefvaters ankam, brachen die Sanitäter gerade wieder auf. Kurz danach traf die Kriminalpolizei zusammen mit einem Notfallseelsorger ein.
Dieser Notfallseelsorger ging mit mir in den Garten. Während ich weinte und nichts anderes sagen konnte als: „Ich bin schuld, ich habe sie allein gelassen.", wollte er mit mir darüber sprechen, warum ich mich schuldig fühlte. Alles, was ich zu dem Zeitpunkt wollte, war bei den anderen zu sein. Mittlerweile waren einige Freunde von Mama eingetroffen und alle saßen in der Küche zusammen und unterhielten sich, während ich hinten im Garten bei dem Seelsorger bleiben sollte.
Irgendwann wurde ich richtig wütend. „Ich möchte jetzt wirklich zu den anderen!" Das durfte ich nach mehrmaligem Bitten dann auch. Ich durfte an die offene Küchentür und setzte mich davor auf den Boden. Warum ich nicht direkt in die Küche durfte, verstehe ich bis heute nicht. Ich hatte das Gefühl, dass jemand etwas vor mir verheimlichen wollte, dass ich die Gespräche in der Küche nicht mitbekommen sollte. Das machte mich noch verzweifelter und noch wütender, bis mir der Kragen platze. Nach einem erneuten Wutanfall durfte ich dann zumindest endlich zu den anderen in die Küche.

Als der Abschiedsbrief gefunden wurde, fing mein Stiefvater an, ihn laut vorzulesen. Nach wenigen Sätzen musste er jedoch abbrechen, da ihm seine Tränen die Luft abschnürten. Ich las weiter, las den Brief bis zum Ende laut vor. Las ihn danach immer und immer wieder still in meinem Kopf. Die Antwort, die ich suchte, konnte ich nicht finden.

Während dieser ganzen Zeit äußerte ich immer wieder meinen dringendsten Wunsch: „Ich möchte zu ihr."
Ich wollte sehen, wie sie dalag. Ich musste sehen, wie sie gestorben war. Ich wollte sie anfassen, umarmen. Ich wollte einfach bei ihr sein.
Von allen Seiten wurde dieser Wunsch abgeschmettert. Der Seelsorger erklärte mir, ich würde dadurch zu einem Trauma-Fall werden. Der Beamte der Kriminalpolizei sagte, er habe das schon oft miterlebt und kenne die Auswirkungen, die so ein Anblick auf die Hinterbliebenen habe und dass ich mir das nicht antun solle. Meine ganze Familie war der Meinung, dass ich das doch nicht wirklich wollen könne und ich sie mir lieber aufgebahrt anschauen solle. Einige logen mich sogar an, um mich ja von Mama fern zu halten. Sie sagten mir, es dürfe niemand ins Badezimmer, bis Mama abgeholt wurde, da es jetzt ein Tatort sei. Ich dürfe nicht mal ins Badezimmer hineinschauen. Das war natürlich Quatsch und das wusste ich auch. Nachdem die Kriminalpolizei mit ihrer Arbeit fertig ist, darf man selbstverständlich nochmal zum Verstorbenen.
Ich verstehe nicht, warum ich in der Situation so bevormundet wurde und kann nur jedem, der jemals in so einer Situation stecken sollte, raten, die Wünsche der Hinterbliebenen ernst zu nehmen und sie ihnen nicht auszureden.

Mir wurde so lange von allen Seiten davon abgeraten, nochmal zu Mama zu gehen, dass ich irgendwann selbst überzeugt war, dies sei die richtige Entscheidung. Eine Entscheidung, die ich bis heute bereue.
Ich war nicht mehr bei ihr, sondern schaute nur zu, wie der Sarg vom Bestatter abtransportiert wurde.

Dass ich in dieser Situation nicht auf mich selbst gehört habe und mich so von den anderen beeinflussen ließ, habe ich bis heute nicht verarbeitet.
Ich bereue es so sehr, dass ich sie nicht mehr so gesehen hab, wie sie gestorben war und vor allem, dass ich sie nicht noch einmal anfassen konnte. Ich wollte sie einfach noch ein letztes Mal in den Arm nehmen und das ist nun nicht mehr möglich. Mir wurde etwas genommen, das ich mir nie zurückholen kann und das für mich und meinen Trauerprozess sehr wichtig gewesen wäre.
Noch immer wühlt mich der Gedanke daran stark auf und macht mich traurig und wütend.
Ich weiß, dass damals alle nur das Beste für mich wollten und habe ihnen längst verziehen. Ein Trauernder weiß aber selbst ganz genau, was für ihn am besten ist und was er aushält. Sogar Kinder können das schon selbst einschätzen.
Darum mach dies deinen Mitmenschen deutlich. Erkläre ihnen, dass sie dir nichts vorschreiben sollen. Du weißt selbst am besten, was du brauchst und was nicht. Du brauchst keinen Vormund, der darüber entscheidet. Unser Umfeld möchte uns schützen, erreicht im Endeffekt aber im schlimmsten Fall das Gegenteil.

Eine Hilfe, um deinen Mitmenschen zu erklären, wie sie im Moment mit dir umgehen sollen, findest du ab Seite 119.

Ich habe mir ca. 1,5 Jahre nach Mamas Suizid die Fotos von der Kriminalpolizei angeschaut. Da der Fundort eines Menschen, der Suizid begangen hat, vorerst immer ein Tatort ist, werden auch Bilder gemacht, die alles dokumentieren.

Diese Fotos zu sehen kann auch eine große Hilfe bei der Verarbeitung sein. Ich war etwas zwiegespalten. Einerseits war ich froh, endlich das sehen zu dürfen, was mir so lange vorenthalten wurde, andererseits war ich nun noch frustrierter darüber, dass man mich damals nicht zu ihr gelassen hat. Denn ihr Anblick war weder schlimm noch „traumatisierend". Es war einfach meine Mama, die auf dem Badezimmerboden schläft, zugegeben: in einer weniger bequem wirkenden Haltung und in einem aufgeschnittenen Pullover. Aber das einzige, was ich an diesem Anblick wirklich schrecklich fand, war die Frage, wer um Himmels willen auf die Idee gekommen war, dass ich das nicht sehen durfte.

Was jetzt?

Wohin? An erster Stelle möchte ich etwas zur Wohnsituation sagen. Du solltest daran vorerst so wenig wie möglich verändern und nicht zu viel alleine sein. Besonders die ersten Nächte sind sehr schwer. Sobald man im Bett liegt und zur Ruhe kommt, kreisen die Gedanken. Schuldgefühle, Trauer, Wut, alles kommt hoch, vermischt sich, überwältigt einen und will sich einfach nicht abstellen lassen.
Worauf du konkret in den ersten Tagen und Wochen achten solltest, kannst du in Kapitel 3 „Die erste Zeit danach" lesen. Ich habe dir auch einen Notfallkoffer gepackt, den du ab Seite 78 findest.

Ich hatte anfangs keine Ahnung, was ich mit mir anfangen sollte. Ich wollte mit kaum jemandem sprechen.
Meine Hauptanlaufstelle in den ersten Wochen war mein Stiefvater. Ich hatte das Gefühl, dass wir uns am nächsten in unserer Trauer waren, weil wir am engsten mit Mama verbunden waren. Darum habe ich seine Nähe sehr stark gesucht und viel mit ihm über sie gesprochen.
Eine weitere wichtige Anlaufstelle waren und sind für mich die Freundinnen meiner Mutter, besonders ihre beste Freundin. Sie alle kannten Mama seit Kindertagen und können mir viele Geschichten von ihr erzählen. Wie ich vermissen auch ihre Freundinnen sie jeden Tag.
In direkter Linie zu Mama, so wie ich, stand natürlich zudem meine Oma. Sie hatte ihre Tochter verloren und ich meine Mutter.
Ich habe mich insgesamt besonders an die Menschen gewandt, die Mama zuletzt möglichst genauso nahestanden wie ich. Es ist wichtig für uns, uns in dieser schwierigen Ausnahmesituation an

die Menschen zu halten, die uns guttun. Dabei passiert es aber schnell, dass man Menschen verletzt. Menschen, die für einen da sein wollen, die man jedoch nicht an sich heranlässt, fühlen sich unter Umständen vor den Kopf gestoßen. So ging es mir mit meinem Vater. Für ihn war es sehr schwer, dass ich seine Unterstützung in der ersten Zeit nicht angenommen und nur die Hilfe anderer gesucht habe.

Man darf nicht den Blick für das Gesamte verlieren, für all die Menschen, die für einen da sind und mit denen man reden kann. Ich habe leider recht schnell wieder dichtgemacht und alles mit mir selbst ausgefochten. Wenn ich aber doch mal wieder mit jemandem gesprochen habe, habe ich immer gemerkt, wie gut mir das tut. Der andere muss ja gar nicht mal viel sagen, Hauptsache zuhören.

Trag du deine Kämpfe nicht zu häufig mit dir selbst aus. Wenn dir Menschen ihre Hilfe anbieten, nimm sie an. Triff dich mit anderen und sprich über alles, was dir auf dem Herzen liegt. Hab keine Angst davor, jeden Gedanken offen auszusprechen. Es wird dir hinterher besser gehen, das verspreche ich dir.

Aber nimm dir genauso die Zeit für dich alleine, die du brauchst. Ich persönlich kann am besten weinen, wenn ich alleine bin, und weinen tut mindestens genauso gut wie reden. Musik anmachen, Fotos anschauen, alte Briefe oder SMS lesen und alles einfach rauslassen. Jede Träne macht die Trauer, zumindest eine Zeit lang, ein kleines bisschen leichter. Direkt nach einem richtigen „Heulanfall" habe ich mich immer erleichtert und für ein paar Stunden etwas besser gefühlt.

Ich habe mich damals schnell für professionelle Hilfe entschieden, als ich gemerkt habe, dass ich es alleine nicht schaffe. Das muss nicht unbedingt ein Psychologe oder Therapeut sein, wenn du das nicht möchtest. Es gibt auch Trauerbegleiter, zum Beispiel bei der Caritas oder der Diakonie. Diese Angebote sind meist sogar kostenlos.

Über meine Tante bin ich dann zu Lydia Willemsen vom Caritasverband Paderborn e.V. gekommen. Die Gespräche mit ihr haben mir sehr weitergeholfen. Von ihr fühlte ich mich von Anfang an wirklich verstanden, ich konnte ihr alles anvertrauen, was ich mich anderen gegenüber nie getraut hätte auszusprechen. Sie hat auch eine kleine Gruppe gegründet, in der wir uns mit anderen jungen Erwachsenen, die ein Elternteil durch Suizid verloren haben, regelmäßig treffen.

Das erste Mal war ich ca. einen Monat nach Mamas Suizid bei Lydia. Mittlerweile begleitet sie mich schon seit über zweieinhalb Jahren in meinem Trauerprozess und ich bin immer wieder froh, sie zu haben. In diesem Buch wird noch oft von ihr die Rede sein, nicht zuletzt daher, weil sie mir auch beim Schreiben viel geholfen hat, mir Input gab und immer mit Rat und Tat zur Seite stand.

Wie gerade schon erwähnt, gründete Lydia mit uns eine kleine Gruppe junger Erwachsener. Der Austausch mit anderen Betroffenen ist ein wichtiger Part der Trauerbewältigung. Wenn du dich umhörst, wirst du feststellen, dass mehr Leute in deiner Umgebung jemanden durch Suizid verloren haben, als du es für möglich hältst. Scheue dich nicht, auf diese Leute zuzugehen, sie auf ihr Schicksal anzusprechen und dich mit ihnen auszutauschen. Du wirst schnell merken, wie einfach es ist, sich jemandem anzuvertrauen, der das Gleiche erlebt hat wie man selbst. Trau dich, alle deine Fragen zu stellen, man wird sie dir nicht verübeln. Du kannst auch gezielt nach Gruppen/Selbsthilfegruppen in deiner Umgebung suchen.

Ungefähr ein halbes Jahr nach Mamas Suizid, war ich bei der Jahrestagung des Vereins AGUS, Angehörige um Suizid. Ich kann es schwer schätzen, aber ich würde sagen, dort kamen ungefähr 150 Betroffene zusammen. Als ich zum ersten Mal in den großen Tagungssaal ging mit all diesen fremden Personen, von denen ich wusste, dass jeder Einzelne das Gleiche durchmachte wie ich, empfand ich zu gleichen Teilen eine Erschütterung, die mir die Kehle zuschnürte, als auch eine tiefe Erleichterung.

Zum ersten Mal hatte ich in einem Raum mit so vielen Menschen nicht das Gefühl, irgendetwas verstecken zu müssen. Egal in wessen Augen ich schaute, ich wusste, dass er oder sie mich verstand. Wenn ich plötzlich anfangen müsste zu weinen, würde sich niemand darüber wundern, niemand würde mich fragen, was denn los sei, ich würde meine Stimmungsschwankungen niemandem erklären müssen. Beim Abendessen lernten wir uns nicht mit Floskeln über Wetter oder Beruf kennen, sondern begrüßten uns mit Worten wie: „Wer ist es denn bei dir? Mit welcher Methode hat dein geliebter Mensch sich suizidiert? Wie lange ist es bei dir her?" und niemand war über eine solche Frage pikiert.

Diese Erfahrung tat mir ungemein gut. Ein ganzes Wochenende von Menschen umgeben zu sein, unter denen man sich nicht „anders" fühlt. So ging es mir nämlich mit „normalen" Gruppen. In der Hochschule zum Beispiel fühlte ich mich immer merkwürdig abgeschnitten von allen anderen. Als könnte ich einfach nicht dazugehören, als sei ich ein Fremdkörper in der Gruppe. Bei AGUS konnten viele dieses Gefühl nachvollziehen. Mit ein paar anderen jungen Menschen eröffneten wir eine WhatsApp-Gruppe, die wir aus diesem Grund „Aliens" nannten.

AGUS hat Selbsthilfegruppen in vielen deutschen Städten, schau doch einfach mal im Internet, ob es eine Gruppe in deiner Nähe gibt. Falls nicht, kannst du dich auch an AGUS wenden und eine neue Gruppe gründen. Außerdem lege ich dir die Jahrestagung ans Herz. Neben dem wirklich guttuenden Austausch mit anderen Betroffenen gibt es auch einige thematische Angebote, unter anderem in jedem Jahr zwei Vorträge. Dabei handelt es sich immer um einen Betroffenen-Vortrag und einen Fachvortrag mit anschließender Diskussion.

Die ersten Tage nach Mamas Tod habe ich damit verbracht, aufzuarbeiten, was in den Tagen und Wochen vor dem Suizid passiert ist. Mehr dazu findest du in Kapitel 5 unter „Vor dem Suizid", ab Seite 173.
Ich habe mich unter anderem an die Ärzte und Therapeuten von Mama gewandt, um zu versuchen, offene Fragen beantwortet zu bekommen. Falls dein Angehöriger in Behandlung war, kannst du auch darüber nachdenken. Überlege dir aber, ob es dir überhaupt etwas bringen würde und vor welchen möglichen Erkenntnissen du Angst hast. Natürlich ist so ein Gespräch nicht leicht und verlangt dir viel ab. Es kann dir weiterhelfen, aber unter Umständen erfährst du auch etwas über deinen Angehörigen, das du lieber nicht gewusst hättest.
Darum überleg dir gut, ob und wie stark du in dem Privatleben des anderen herumstochern möchtest. Die Schweigepflicht der Ärzte besteht über den Tod hinaus, auch Angehörigen gegenüber, und es kann daher sein, dass du gar keine Auskunft erhältst.
Ich hatte Glück und Mamas Therapeutin hat sich auf ein Gespräch mit meinem Stiefvater und mir eingelassen. Vor dem Gespräch hatte ich nicht verstanden, wie den Psychotherapeuten entgehen konnte, dass Mama suizidgefährdet war. Die Therapeutin ist mit uns den Ablauf der Behandlung und besonders die Gespräche mit

Mama an den letzten Tagen vor ihrem Suizid durchgegangen, was mir wirklich geholfen hat.
Am stärksten in Erinnerung geblieben ist mir aber ein Satz, den Mama so in der Art in den Gesprächen oft gesagt haben soll und den ich mein Leben lang nicht vergessen werde. „Ich möchte nicht mehr leben, aber das kann ich meiner Tochter niemals antun."
Auch wenn es sie letztendlich nicht von ihrem Suizid abhalten konnte, weiß ich jetzt, dass ich lange Zeit der Grund dafür war, dass Mama durchgehalten hat. Sie wusste, wie sehr ich sie brauche. Sie hat mich so sehr geliebt, dass sie ihre Krankheit für mich ertrug, so lange sie konnte. Ich war bis zuletzt in ihren Gedanken.
Die Stimme in meinem Kopf, die geschrien hat: „Wie kann sie mir das nur antun? Wie kann sie mich einfach alleine lassen? Hat sie denn nicht darüber nachgedacht, wie weh sie mir damit tut?!", wurde so zwar noch nicht ganz ausgestellt, aber sie ist leiser geworden und heute höre ich sie kaum noch.
Mama war schwer krank und so wie Krebs zum Tod führen kann, kann auch eine Depression zum Tod führen. Unsere Lieben entscheiden nicht zu gehen, sie haben einfach keine andere Wahl. Sie erleiden einen Infarkt ihrer Seele.
Ich habe mich letztendlich dafür entschieden, meine Trauer für mich und Mama zu tragen. Dass ich damit fertig werde, damit Mama ihren Frieden finden kann. Sie musste gehen, weil sie zu krank war, um zu bleiben. Aber ich bin noch hier, für uns beide.

Darf ich darüber sprechen?

Ein ganz klares Ja! Du darfst nicht nur darüber sprechen, du musst es sogar.

Viele Menschen sind gehemmt, wenn es darum geht, über den Suizid eines Angehörigen zu sprechen. Das liegt nicht zuletzt daran, dass Depressionen und Suizid in unserer Gesellschaft leider immer noch eine schlechte Reputation haben. Nicht selten hört man Sprüche wie: „Ihr ging es doch gut, da braucht man sich doch nicht so anstellen." Dass eine Depression eine ernstzunehmende Krankheit ist und keine „vorübergehende schlechte Laune" ist leider immer noch viel zu Wenigen bewusst. Manche Angehörige haben dann das Gefühl, sich für den Suizid schämen zu müssen. Sie glauben vielleicht, dass es aussagt, der Angehörige sei schwach gewesen oder habe seine Familie nicht richtig geliebt. Vielleicht wird befürchtet, dass es ein schlechtes Licht auf die Hinterbliebenen wirft, weil sie sich nicht genug gekümmert und versagt haben. All das ist Quatsch. Du hast nicht versagt und dein Angehöriger hat dich geliebt! Er war krank. Es gibt nichts, wofür ihr euch schämen müsst. Du schützt deinen Angehörigen nicht, indem du über den Suizid schweigst, ganz im Gegenteil. Das Schweigen derer, die die Wahrheit kennen, sorgt nur dafür, dass die, die sich gerne das Maul zerreißen, mehr Luft haben, sich Geschichten auszudenken.

Sprich ganz offen über das, was passiert ist. Sprich über Depressionen und mache den Anderen klar, wie schlimm diese Krankheit ist. Sprich über deine Beziehung zu dem Verstorbenen und über die Umstände seines Suizides, wenn du magst. Natürlich musst du nicht alles an die große Glocke hängen. Du wirst schnell ein Gefühl dafür entwickeln, in welchen Situation wie viel Offenheit angemessen ist.

Nur indem über diese Themen gesprochen wird, können wir endlich dafür sorgen, dass sie bald keine Tabuthemen mehr sind.
Zusätzlich zu der Aufklärung der Allgemeinheit hilfst du auch den Menschen in deinem nahen Umfeld, wenn du offen über deinen Verlust sprichst. Mit Schweigen erzeugt man Unsicherheit auf beiden Seiten. Die anderen wissen nicht, was sie dich fragen können und dürfen und du weißt nicht, wieviel du ihnen zumuten kannst. Dazu erst einmal: Du hast viel Schlimmeres durchgemacht! Also nimm dich bloß nicht zurück, weil du denkst, du könntest deinen Schmerz niemandem zumuten. Das halten die schon aus.
Wenn du offen damit umgehst, wissen beide Seiten schnell, woran sie sind, worüber gesprochen werden kann und welche Themen lieber vermieden werden sollten. Du musst es nur sagen. Wenn dir ein Thema besonders weh tut, dann informiere dein Umfeld darüber.
Zu guter Letzt ist der eigentlich wichtigste Effekt vom Sprechen, dass es dir selbst dadurch bessergeht. Eine Freundin von mir sagt immer: „Nur sprechenden Menschen kann geholfen werden" und so ist es auch. Niemand kann deine Gedanken lesen, du musst kommunizieren, damit die anderen wissen, wie sie dir helfen können. Und selbst wenn sie dir nicht helfen können, hilft es, sich einfach mal alles von der Seele zu reden. Und hab dabei bloß keine Scheu.
Du glaubst nicht, was ich teilweise für bekloppte Gedanken hatte... Wenn du dich nicht traust, deine „schlimmsten Gedanken" mit deinen Freunden oder deiner Familie zu teilen, dann werde sie doch zum Beispiel bei einem Trauerbegleiter los oder bei jemandem, der auch einen lieben Menschen durch Suizid verloren hat.
Einer dieser Gedanken, den ich mich das erste Mal getraut habe auszusprechen, als eine meiner besten Freundinnen ihren Vater

verloren hat, entstand an einem Abend vor dem Fernseher. Mein damaliger Freund und ich schauten einen Bericht, in dem es unter anderem um einen Tierpräparator ging, der sich darauf spezialisiert hatte, verstorbene Haustiere auszustopfen. Der Kommentar meines Freundes dazu war: „Wie kann man sowas denn nur wollen?!", während ich daneben saß und gerade darüber nachdachte, dass ich Mama ausstopfen lassen würde, wenn es erlaubt wäre.
Makaber, ich weiß. Heute bin ich auch ganz froh darüber, dass das Ausstopfen von Menschen in Deutschland verboten ist. Aber damals war das tatsächlich mein Gefühl dazu. Der Gedanke, Mamas Körper irgendwie „haltbar" zu machen und bei mir zuhause haben zu können, hat mich nicht mehr losgelassen. Obwohl ein toter Körper nichts als eine leere Hülle ist, wollte ich das letzte Irdische von Mama einfach nicht gehen lassen.
Nach der Trauerfeier bin ich zum Beispiel noch zwei Mal zurück in die Kapelle zum Sarg gegangen, weil ich einfach noch nicht Abschied nehmen wollte. Sie wurde eingeäschert und ich wollte ihren Körper noch nicht gehen lassen. Auch heute spüre ich jedes Mal, wenn ich an der Kapelle auf dem Friedhof vorbeigehe, den unglaublich starken Wunsch, dass ihr Sarg noch dort aufgebahrt stünde und ich zu ihr gehen könnte.
Diesen Gedanken habe ich mich fast zwei Jahre lang nicht getraut auszusprechen, aber als ich es meiner Freundin erzählt habe, hat sie mich sofort verstanden und das tat richtig gut.

Ein letzter Blick?

In diesem Kapitel geht es darum, ob man den Verstorbenen noch einmal sehen möchte oder nicht.
Hier gibt es kein Richtig oder Falsch, vertrau einfach auf dein Gefühl. Bedenke aber, dass es nach der Beerdigung keine Chance mehr dazu gibt.
Hast du noch etwas zu besprechen oder möchtest du einfach wissen, wie dein Angehöriger jetzt aussieht? Brauchst du für dich die Gewissheit, dass er wirklich tot ist? Möchtest du ihn vielleicht einfach noch einmal berühren oder ihm etwas in den Sarg legen? All dies sind Gründe, die dafür sprechen können, sich die Person noch einmal anzuschauen.
Von vielen Menschen hört man immer wieder den Kommentar „Willst du sie nicht lieber so in Erinnerung behalten, wie du sie kanntest?" Meiner Meinung nach ist dieser Satz absoluter Quatsch. Ich habe meine Mutter aufgebahrt gesehen, aber wenn ich an sie denke, habe ich ganz andere Bilder von ihr im Kopf und nicht die, wie sie im Sarg liegt. Ein Blick in den Sarg löscht doch nicht all die Jahre der Erinnerungen aus, die man gemeinsam erlebt hat.
Die ersten Tage hat man das Bild der Person im Sarg vielleicht häufiger im Kopf, aber das lässt wieder nach. Also lass dich bitte nicht durch diesen Satz davon abhalten, noch einmal zum Sarg zu gehen.

Das sind natürlich nur Ratschläge von mir. Die Entscheidung musst du letztendlich alleine treffen. Nur lass dich dabei bitte nicht von anderen beeinflussen, sondern höre auf deine innere Stimme.
In dem Kapitel „Auffindesituation" bin ich ja bereits darauf eingegangen, wie schlimm es für mich ist, dass ich nicht mehr bei Mama

im Badezimmer war. Darum war es für mich umso wichtiger, sie aufgebahrt zu sehen.
Bei uns ist es jedoch so, dass ein Glasdeckel über dem Sarg des Verstorbenen ist, den man nur mit einem Schlüssel öffnen kann, den der Bestatter hat. Für mich war das normal, weil ich es nicht anders kannte. Ich habe mich zwar jedes Mal darüber aufgeregt, dass ich Mama nicht berühren konnte und hing stattdessen mit plattgedrückter Nase an dem Glasdeckel, aber ich bin nicht auf die Idee gekommen, darum zu bitten, dass der Deckel noch einmal für mich geöffnet wird. Das hat sich für mich irgendwie falsch oder verboten angefühlt. Tote gehörten für mich unter diesen Glasdeckel.
Erst als ich bei Lydia mitbekommen habe, dass das bei anderen Bestattern ganz anders gehandhabt wird, ist mir klargeworden, was für eine Chance ich da verpasst habe. Ich hätte Mama nochmal berühren oder sogar umarmen können! Aber dafür war es jetzt zu spät. Darum bitte, wenn du auf irgendein Hindernis, irgendeine Regel, ein „Verbot" triffst, das dich in deinem Handeln beschränkt und etwas verhindert, was du dir wünscht, nimm es nicht einfach so hin. Überleg, ob es sich umgehen lässt, wen du um Hilfe bitten musst, damit du das gewünschte Ergebnis erreichst. Ich bin mir sicher, man wird dir helfen. Du darfst nur deine Chancen nicht so verschenken, wie ich.
Trotzdem half es mir ein bisschen zu begreifen, dass sie tot ist, als ich sie aufgebahrt gesehen habe. Vor allem aber war es die letzte Chance, noch einmal bei ihr zu sein. Ich war in der Zeit, in der sie aufgebahrt war, dreimal bei ihr, soweit ich mich erinnere. Zweimal alleine. Diese Zeit habe ich dafür genutzt, ihr alles zu sagen, was in mir vorging. Ihr meine Wut ins Gesicht zu schreien. Mich bei ihr für mein Versagen zu entschuldigen, dass ich sie nicht retten konnte.

Sie dafür anzuklagen, dass sie mich alleine gelassen hat und um Verzeihung dafür zu bitten, dass ich die Schwere ihrer Krankheit nicht verstanden habe. Ich habe mich für jeden Streit entschuldigt, den wir zuletzt hatten und habe ihr immer wieder gesagt, wie sehr ich sie liebe und wie schrecklich ich sie für den Rest meines Lebens vermissen werde. Dass ich sie brauche und sie zu früh gegangen ist. Ich habe ihr gesagt, dass sie sich mir hätte anvertrauen sollen und wir das zusammen geschafft hätten. Dass ich sie nicht im Stich gelassen hätte und alles dafür tun würde, sie wieder bei mir zu haben. Ich habe ihr gesagt, wie viel Angst ich nun vor meiner Zukunft habe.
Letztendlich habe ich ihr auch zugestanden zu gehen, bin heute aber froh, dass sie nie so ganz gegangen ist und auch nie ganz gehen wird. Sie wird immer bei mir sein, denn „jemanden in seinem Herzen tragen" ist nicht nur so eine dumme Floskel, das wirst du auch schnell feststellen. Unsere Lieben begleiten uns tatsächlich, denn eins ist ganz sicher: Die Liebe, die uns verband, kann nicht sterben.

„Die Bande der Liebe werden mit
dem Tod nicht durchschnitten."
(Thomas Mann)

Zusammenfassung

- Der Moment, in dem du erfährst, dass ein geliebter Mensch sich das Leben genommen hat, verändert mit einem Mal dein gesamtes Leben.

- Du stehst zunächst unter Schock, um zu überleben. Du bist wie in Watte gepackt.

- Handle so, wie du es für richtig hältst und lass dir nichts von anderen vorschreiben. Erkläre deinem Umfeld , dass du selbst am besten weißt, was du jetzt brauchst.

- Mach nicht alles mit dir selbst aus. Nimm die Hilfe an, die man dir anbietet. Suche dir professionelle Hilfe, wenn du sie brauchst.

- Reden hilft. Du schützt deinen geliebten Menschen nicht, indem du darüber schweigst.

- Sei dir bewusst, dass es für manches keine zweite Chance gibt und triff deine Entscheidungen mit Bedacht.

- Du wirst wieder glücklich sein!

- Eigene Gedanken: ....
  ....
  ....

Meine Nachricht

Wann habe ich die Nachricht erhalten? ....

Wo? ....

Von wem? ....

Wie? ....

....

....

....

Hier kannst du deine Gedanken und Gefühle von dem Moment der Nachricht festhalten.

Wie hast du reagiert? Was hast du gesagt? Was haben andere gesagt?

2 Trauerfeier und Grab

Dieses Kapitel beschäftigt sich mit allem rund um Aufbahrung, Trauerfeier und Grabgestaltung.
Welche Möglichkeiten gibt es und wie findest du den richtigen Weg für dich?
Ich möchte dir gleich zu Anfang etwas mit auf den Weg geben: Trauerfeiern bedeuten längst nicht mehr nur Orgelmusik und Bibelzitaten zu lauschen, während man auf der Kirchenbank sitzt. Sie lassen sich heutzutage sehr modern und persönlich gestalten. Moderne Musik oder Bilder, die man über einen Beamer zeigt, sind dafür nur zwei Beispiele. Als Räumlichkeiten eignen sich neben der Kirche auch Friedhofskapellen oder Trauerhallen beim Bestatter. Was ich damit sagen will ist, dass es mehr Möglichkeiten gibt, als du vielleicht denkst. Du musst nicht alles so machen, wie es andere vor dir gemacht haben, weil du möglicherweise denkst, das gehört sich so. Zögere nicht, etwas Neues auszuprobieren.
Die Bestatter informieren leider ganz unterschiedlich über die Möglichkeiten, die es gibt. Oft bekommt man gar nicht alle vorgestellt. Daher möchte ich in diesem Kapitel alles mit dir teilen, was mir zu dem Thema bekannt ist. Auch wenn das natürlich längst nicht alles ist.
Wenn du bestimmte Vorstellungen und Wünsche hast, dann versuche Orte, Plätze, Personen oder Institutionen zu finden, die diese möglich machen. Lass dich nicht davon abschrecken, wenn jemand sagt, das gehe nicht.

Der ganze Prozess rund um die Bestattung ist ein wichtiger Teil der Trauerbewältigung und in erster Linie geht es dabei nicht allein um den Verstorbenen, sondern viel mehr um die Hinterbliebenen. Wir Hinterbliebenen möchten so unsere Liebe und Trauer ausdrücken und uns angemessen verabschieden.

Die Entscheidungen, die mit der Trauerfeier und dem Grab einhergehen, sind gewissermaßen auch eine Beschäftigungstherapie. Besonders in den ersten Tagen gibt es so viel, worum man sich kümmern muss. „Welcher Sarg? Welche Urne? Wie sollen die Traueranzeigen aussehen? Welche Lieder werden bei der Trauerfeier gespielt?", sind nur ein kleiner Auszug der Fragen, die man sich stellen muss.

Für mich waren diese Aufgaben sehr wichtig. Ich wollte irgendetwas zu tun haben. Hauptsache nicht so oft alleine sein. Hauptsache nicht zu viel nachdenken. Ich war dankbar für jede Beschäftigung.

Aufbahrung

Die Aufbahrung findet zwischen der Freigabe des Leichnams und der Bestattung statt. Der Verstorbene wird zunächst gewaschen, in der Regel wird dies durch den Bestatter vorgenommen. Angehörige dürfen diese Arbeit aber auch übernehmen oder dabei helfen. Danach wird der Verstorbene bekleidet, zum Beispiel mit seiner Lieblingskleidung.

So kann der Leichnam dann in einem Sarg oder auf einer Bahre aufgebahrt werden, um den Angehörigen die Möglichkeit zu geben, sich zu verabschieden.

Es gibt in Deutschland verschiedene Formen der Aufbahrung. Üblicherweise erfolgt sie beim Bestatter oder in den Leichenhallen der Friedhöfe. Auch in Krankenhäusern und Pflegeheimen gibt es meist Aufbahrungsräume. Man kann den Verstorbenen aber auch zuhause aufbahren. Hierfür gibt es je nach Bundesland unterschiedliche Fristen, wie lange man den Leichnam zuhause aufbahren darf. In der Regel sind es 36 Stunden. Informiere dich am besten bei deinem Bestatter, welche Regelungen es in deinem Bundesland gibt. Der Vorteil einer Aufbahrung zuhause ist, dass man in vertrauter Umgebung Abschied nehmen kann und seinen Angehörigen jederzeit sehen kann, ohne z.B. auf den Bestatter angewiesen zu sein. Es sollte möglichst ein separater Raum zur Verfügung stehen, der nicht beheizt wird und in den Sommermonaten gekühlt werden kann.

Zudem kann man zwischen der offenen und geschlossenen Aufbahrung entscheiden. Ich habe gelesen, dass sich die meisten Menschen für eine Aufbahrung mit geschlossenem Sarg entscheiden. Die Zahl der offenen Aufbahrungen soll sehr gering und sogar rückläufig sein. Das kann ich nur schwer begreifen. Ein offener

Sarg ermöglicht es, dass man den Verstorbenen sehen und berühren kann. Man kann persönlich Abschied nehmen und es kann einem helfen, den Tod des Angehörigen zu begreifen. Dies ist ein wichtiger erster Schritt in der Verarbeitung des Geschehens.
Im Kapitel „Ein letzter Blick?" habe ich bereits beschrieben, dass sich bei uns eine Art Glasdeckel über dem offenen Sarg befindet. Ich bin mir nicht sicher, ob dies dann als offene oder geschlossene Aufbahrung gilt. Sollte aber wirklich der Großteil der Aufbahrungen heutzutage mit komplett geschlossenem Sarg stattfinden, kann ich dich nur dazu aufrufen, genau darüber nachzudenken, ob das wirklich das ist, was du willst. Ich habe gesehen, wie der geschlossene Sarg meiner Mutter aus dem Haus meines Stiefvaters getragen wurde. Natürlich wusste ich, dass meine Mama in ihm lag. Natürlich war das schlimm. Aber hat es mir geholfen, ihren Tod zu realisieren? Nein. In der Kiste hätte doch theoretisch jeder liegen können. Wie soll man das Unbegreifbare begreifen, wenn man es noch nicht einmal sieht? Das Gesicht meiner Mutter bei der Aufbahrung sehen zu können – wie ihre Haare lagen, ihren Gesichtsausdruck, die kleine Macke an ihrer Schläfe, ihren leicht schief gezogenen Mund, wie er auch immer beim Lächeln war – all das half mir, ihren Tod ein klein bisschen besser zu verstehen. Ich glaube, wenn ich nur einen Sarg gesehen hätte, würde ich noch heute darauf warten, dass meine Mama zur Tür hereinkommt.
Besonders schlimm stelle ich es mir daher vor, wenn der Leichnam in einem Zustand gefunden wird, in dem es den Angehörigen nicht mehr zugemutet werden kann, ihn zu betrachten. Es gibt heutzutage glücklicherweise Bestatter, die sich für die Angehörigen einsetzen und darauf bestehen, dass man beispielsweise zumindest eine Hand des Verstorbenen sehen darf. Will man dir verbieten, deinen Angehörigen zu sehen, nimm es nicht einfach

so hin. Versuche einzuschätzen, was du dir zutraust zu ertragen. Ich zum Beispiel hätte meine Mutter egal in welchem Zustand sehen wollen. Solange man hätte erkennen können, dass sie es ist, hätte ich sie sehen wollen. Wenn es dir auch so geht, mache das deinem Umfeld klar. Aber übernimm dich auch nicht. Wenn du dir nicht sicher bist, ob du den Anblick erträgst, zwing dich nicht dazu. Höre auf deine innere Stimme.
In der Regel gibt es Fotos von der Polizei, die am Ort des Suizids gemacht wurden, und die du dir später anschauen kannst, sollte irgendwann der Wunsch danach in dir aufkommen.

Als meine Mutter gestorben ist, wusste ich nicht, dass man als Angehöriger bei der Waschung helfen darf oder dass man jemanden zuhause aufbahren kann. Hätte ich es gewusst, hätte ich wahrscheinlich beides wahrgenommen. Mir gefiel der Gedanke nicht, dass Mama ganz alleine in der Kapelle auf dem Friedhof lag. Ich hätte sie gerne zu mir geholt und Totenwache gehalten.
Es ist schwierig, sich direkt nach dem Tod eines lieben Menschen mit den Möglichkeiten auseinanderzusetzen, die man hat, und man neigt dazu, alles so zu machen, wie der Bestatter es einem vorschlägt. Ich möchte dich aber dazu anhalten, nachzuhaken, welche Möglichkeiten es gibt. Nimm nichts einfach so hin, wie es ist, wenn es dir nicht passt oder wenn dir etwas fehlt.
Wie gesagt, dir werden bestimmt viele gerne dabei helfen, so zu verfahren, wie es dir am besten geht. Aber dafür musst du mit den Leuten darüber sprechen, was du brauchst.

Traueranzeigen & Danksagungen

Für mich war es wichtig, dass die Traueranzeigen bzw. Trauerbriefe und die Danksagungen etwas von Mama widerspiegelten. „Bloß kein Null-acht-fünfzehn." Ich glaube, so geht es vielen; es soll etwas Besonderes sein. Die Traueranzeigen und -briefe müssen nur leider in der Regel schnell raus, damit alle rechtzeitig über Zeit und Ort der Trauerfeier oder Beerdigung informiert werden. Hier hat man lediglich genug Zeit, einen passenden Spruch und vielleicht zusätzlich ein schönes Motiv auszuwählen. Da meine Mutter immer davon sprach, dass auf ihrer Beerdigung „Über den Wolken" von Reinhard Mey gespielt werden sollte, entschieden wir uns für: *„Über den Wolken muss die Freiheit wohl grenzenlos sein…"* in weißer Schrift vor schwarzem Hintergrund mit einer weißen Orchidee. Darunter der Satz *„Wir sind sehr traurig."* Damit war alles gesagt. Wir wollten nichts Kitschiges, nichts Übertriebenes. Schlicht und simpel sollte es sein… Wir sind sehr traurig …und trotzdem mitten ins Herz.

Manchmal bedarf es gar nicht vieler Worte, um auszudrücken, was man fühlt. Ihr werdet auch die richtigen Zeilen finden, oder habt es vielleicht schon, um die Traueranzeige passend zu schmücken. Passend für den Verstorbenen, aber auch passend für euch.

Da wir bei der Gestaltung der Traueranzeige also wie gesagt zeitlich sehr eingeschränkt waren, war es mir umso wichtiger, dass die Danksagungen etwas Besonderes wurden.

Dafür hast du mehr Zeit und kannst in Ruhe nach dem richtigen Design und den richtigen Worten suchen.

Ich wollte, dass möglichst viel von Mama in der Danksagung steckt. Darum benutzte ich die zwei letzten Bilder, die Mama malte. Eines davon schmückt auch das Cover dieses Buches.

Daneben stand:
Wir sehen so oft in den Himmel,
suchen in den Wolken dein Gesicht.
Doch du bist auf deiner Reise
und siehst uns nicht.

Die Idee stammt aus einem Lied von Unheilig, in dem ich die Lyrics „Ich sehe so oft in den Himmel, such in Wolken dein Gesicht. Vielleicht ist Abschied eine Reise, die ein Wiedersehen verspricht" fand. Mein Stiefvater und ich konnten uns zu dem Zeitpunkt, rund einen Monat nach Mamas Suizid, aber absolut nicht mit der zweiten Zeile identifizieren. Wir waren noch nicht soweit, irgendetwas positiv zu sehen. Wir wollten nichts von einem möglichen Wiedersehen wissen. Wir fühlten uns von meiner Mutter allein und im Stich gelassen und das wollten wir damals zum Ausdruck bringen. Wenn ich den Text heute lese, denke ich anders darüber. Er ist mir zu vorwurfsvoll. Ich denke schon, dass Mama uns sieht und auch damals gesehen hat. Sie war nur leider zu krank, als dass sie uns das hätte zeigen können.
Dennoch weiß ich, dass die Zeilen damals genau das waren, was ich fühlte und darum war es auch richtig, sie zu wählen.

Zusammengefasst gibt es daher für mich zwei Punkte, die man bei der Traueranzeige und der Danksagung beachten kann. Es ist schön, wenn die Worte und auch das Design zum Verstorbenen passen und etwas von ihm widerspiegeln. Genauso wichtig ist es aber, dass die Trauer und die Gedanken der Angehörigen ihren Platz finden.
Neben diesen persönlichen Aspekten beinhalten die Traueranzeige und die Trauerbriefe Informationen, wie den Zeitpunkt der

Trauerfeier. Hier kann auch zum Beispiel darauf hingewiesen werden, wenn die Beisetzung nur im engsten Familienkreis stattfinden soll. Darauf gehe ich noch kurz im nächsten Kapitel ein, insgesamt kann dir dein Bestatter dabei deutlich besser weiterhelfen als ich.

Ein Punkt, der mir jedoch am Herzen liegt, ist der folgende Satz: „Von Beileidsbekundungen am Grab bitten wir abzusehen." Ich habe das Gefühl, diesen Satz liest man immer häufiger in Traueranzeigen.
Bei uns war es so, dass es in der Kapelle, in der die Trauerfeier stattfand, zwei Ausgänge gab. Wir hatten den Pastor darum gebeten, dass er am Ende der Trauerfeier darauf hinweist, dass nur die engste Familie den vorderen Ausgang benutzt und die anderen Gäste darum gebeten werden, die Kapelle nach hinten zu verlassen. Wir wollten damals nicht am Ausgang stehen und die Beileidsbekundungen entgegennehmen müssen. Wir hatten Angst, dass es zu weh tun würde.
Bei der Trauerfeier wies der Pastor dann jedoch nicht, wie eigentlich abgemacht, darauf hin. Wir wissen nicht, ob er es vergessen hatte, gehen aber davon aus, dass er es absichtlich nicht gesagt hat. Ich denke, er hat gespürt, dass es in dem Moment, sowohl für uns als Familie als auch für alle erschienenen Trauergäste, wichtig war, nicht stillschweigend ohne ein Wort und ohne sich wirklich gesehen zu haben, nach Hause zu fahren. Im Nachhinein war ich ihm dafür sehr dankbar. Natürlich tat es weh, die Trauer im Gesicht jedes einzelnen zu sehen und die tröstenden Worte zu hören, aber genauso tat es auch gut, zu spüren, dass man nicht alleine war. Ich habe noch einmal mehr gespürt, wie sehr Mamas Tod uns alle erschüttert und mitnimmt und was für ein besonderer und geliebter Mensch sie war.

Wären wir einfach auseinandergegangen, hätte sich die Trauerfeier für mich nicht vollständig angefühlt. Im Nachhinein fand ich es wichtig, dass alle Gäste – auch die, die nicht zum anschließenden Kaffeetrinken eingeladen waren – die Möglichkeit hatten, uns ihr Beileid auszusprechen. Um den Abschied auch für sie vollständig zu machen.

Ich weiß, wenn man vor diesem Moment steht, fühlt es sich an wie ein gewaltiger Stein, der auf der Brust lastet und ich kann es nachvollziehen, dass man den Wunsch hat, dieser emotionalen Situation aus dem Weg gehen zu wollen. Dennoch kann ich jedem nur dazu raten, nicht von Beileidsbekundungen abzusehen, sei es am Grab oder an der Kapelle. Die Worte und Umarmungen tun beiden Seiten sehr gut, der Familie und auch den Gästen.

Bestattung & Andenken

Es gibt für eine Bestattung viele Möglichkeiten, über die dich dein Bestatter natürlich viel besser informieren kann als ich. Dennoch möchte ich hier einmal kurz auf mir bekannte, gängige Formen und die Gedanken, die ich mir dazu gemacht habe, eingehen.
Bei meiner Mutter lief der ganze Prozess wie folgt ab:
Sie war zunächst für drei Tage aufgebahrt. Im offenen Sarg, in einem verschlossenen Raum der Friedhofskapelle. Einen Schlüssel zu dem Raum hatten wir und der Bestatter. Dann fand die Trauerfeier statt, mit geschlossenem Sarg. Anschließend Kaffeetrinken mit der Familie und den engsten Freunden. Die Urnenbeisetzung erfolgte dann erst einige Zeit später nach der Kremation. Mit Pastor und im engsten Familienkreis.
Für mich sprechen folgende Punkte für diesen Ablauf bei einer Urnenbeisetzung: Bei der Trauerfeier stand ein Sarg vorne, keine Urne. Für mich ist ein Sarg tröstlicher als eine Urne. Man weiß, dass darin wirklich noch die Person liegt und ihr Körper noch bei uns ist. Das war für mich damals sehr wichtig, weil er das Letzte war, das mir von Mama geblieben war. Als ich bei der Beisetzung Mamas Urne in den Händen hielt, fühlte sich das für mich fremd an. Dass sich darin die Asche meiner Mutter befand, war für mich einfach nicht greif- und vorstellbar. Verglichen mit dem Sarg hatte die Urne für mich kaum Bedeutung. Daher wollte ich, dass bei der Trauerfeier der Sarg vorne stand.
Das ist aber natürlich nur mein subjektives Empfinden. Ich kenne Personen, die aus genau diesem Grund keinen Sarg bei der Trauerfeier haben wollten und eine Urne bevorzugten. Manchen Menschen gefällt auch die Vorstellung nicht, dass Trauerfeier und Bestattung zeitlich einige Tage auseinanderliegen. Es kann sich

unvollständig anfühlen, eine Trauerfeier zu veranstalten, ohne die Person anschließend unter die Erde zu bringen.
Ein anderer möglicher Ablauf ist daher dieser: Aufbahrung, Kremation, Trauerfeier, Beisetzung. Tendiert man zu diesem Ablauf, wünscht sich aber trotzdem eine Art kleine Trauerfeier, bei der der Sarg vorne steht, lässt sich mit dem Bestatter bestimmt auch dies realisieren. Von einer Freundin kenne ich es zum Beispiel so, dass einen Tag vor der Kremation im engsten Familienkreis ein Treffen beim Bestatter oder in einer Kapelle stattfand, bei dem der Sarg vorne stand, gemeinsam gebetet wurde und auch ein oder zwei Lieder gespielt wurden.
Im Falle einer Sargbeisetzung kann man natürlich ebenfalls entscheiden, ob sie direkt im Anschluss an die Trauerfeier mit allen Gästen oder nur im engsten Familienkreis stattfinden soll.
Die generelle Entscheidung, ob eine Feuer- oder Erdbestattung erfolgen soll, trifft man meistens nach Wunsch des Verstorbenen. Gerade im Falle des Suizids sehr junger Personen, ist die Wahrscheinlichkeit aber sehr hoch, dass man nie darüber gesprochen hat und nicht weiß, was der Verstorbene bevorzugt. Dann liegt die Entscheidung bei den Hinterbliebenen.
Eine Urne kann übrigens nicht nur auf einem Friedhof, sondern auch im Wasser (Seebestattung) oder unter einem Baum in einem Friedwald (Baumbestattung) beigesetzt werde.

Egal wie deine Wünsche bezüglich des Ablaufs und der Inhalte der Trauerfeier aussehen, zögere nicht, deinen Bestatter danach zu fragen. Es gibt kein Richtig oder Falsch. Jeder muss für sich selbst entscheiden, womit er sich am wohlsten fühlt. Falls der Verstorbene vor seinem Tod Wünsche dazu geäußert hat, sollte man diese natürlich nach Möglichkeit einhalten.

Jedoch darf man die Kosten einer Bestattung nicht unterschätzen. Wenn es dir finanziell nicht möglich ist, alle deine Wünsche oder die des Verstorbenen in die Realität umzusetzen, mach dir deswegen keine Vorwürfe. Dein Verstorbener wird Verständnis dafür haben. Sieh, was in deinem Rahmen möglich ist; eine schöne Trauerfeier muss nicht zwangsläufig viel Geld kosten.

Mein Stiefvater und ich hatten den Wunsch, meiner Mutter etwas mit ins Grab zu geben. Damit es möglichst nah bei ihr ist, sollte es in die Urne kommen. Dazu muss man wissen, dass die Asche nicht direkt in der Urne ist, sondern in einer separaten Aschekapsel, die sich in der Urne befindet. Zwischen dieser Aschekapsel und der Urne gibt es einen Hohlraum. Man kann die Urne gefahrlos öffnen und etwas Kleines in den Hohlraum legen. Ich habe einen Engel, ein kleines goldenes Herz und einen Zettel in Mamas Urne gelegt, den ich ihr mit acht Jahren zum Nikolaustag geschenkt und den sie seitdem in ihrem Portemonnaie aufbewahrt hatte. Darauf stand: „Sie werden immer glücklich und umbeschwerlich leben". (Der Rechtschreibfehler sei mir verziehen.)

Was ich besonders schön finde, ist die Möglichkeit, sich noch ein ganz besonderes und persönliches Andenken anfertigen zu lassen. Eine Freundin von mir hat sich ein Amulett mit dem Fingerabdruck ihres verstorbenen Vaters machen lassen. Diese Idee finde ich wunderschön. Leider wusste ich damals nicht, dass das möglich ist und wurde auch nicht darüber informiert. Falls es bei dir noch nicht zu spät ist, frag doch einfach mal bei deinem Bestatter nach.

Reden

Eine Trauerrede kann zum Beispiel jemand von der Kirche, ein unabhängiger Trauerredner oder ein Familienmitglied halten.
In unserem Fall war es ein Pastor, der sich vorab mit uns zu einem Gespräch traf, damit die Rede möglichst persönlich wurde. Gerade auf dem Dorf kennt man die Geistlichen seiner Kirchengemeinde ja oft und kann so ganz gut einschätzen, wer am ehesten oder ob überhaupt jemand davon infrage kommt, die Trauerrede zu halten. Über die Möglichkeit, dass jemand aus der Familie die Rede hält, haben wir damals gar nicht gesprochen. Wenn ich heute darüber nachdenke, stelle ich es mir schön vor, wenn jeder ein paar Worte gesagt hätte. Aber ich weiß nicht, ob überhaupt jemand von uns dazu in der Lage gewesen wäre.
Ich habe während der gesamten Trauerfeier geweint. Ich war froh, einfach nur den Worten des Pastors und der Musik lauschen zu können und meinen Gefühlen dabei freien Lauf zu lassen. Hätte ich selbst eine Rede halten müssen, hätte ich mich emotional wahrscheinlich nicht so fallen lassen können. Ich hätte versucht, möglichst ruhig zu bleiben, um im entscheidenden Moment die Fassung zu bewahren.
Nein, für mich wäre es wahrscheinlich nicht die richtige Wahl gewesen, selbst eine Rede zu halten. Ich bin froh, dass die Trauerfeier so war, wie sie war, und ich angemessen Abschied nehmen konnte. Du solltest allerdings damit rechnen, dass nicht alle Anwesenden mit der Feier und der Rede zufrieden sein werden. Irgendjemand findet immer etwas zu meckern. In dem Fall hoffe ich für dich, dass diese Leute dich nicht darauf ansprechen. Wer möchte schon hören, dass die Trauerfeier seinem geliebten Menschen nicht angemessen gewesen sein soll? Ich musste mir leider genau das anhö-

ren. Von zweien meiner Freunde. Die Trauerrede sei meiner Mutter nicht gerecht geworden, darum boten sie mir an, dass wir uns im kleinen Kreis nochmal treffen und eigene Reden halten könnten. Ich verstehe heute natürlich, dass das nur gut gemeint war. Wenn man sowas jedoch wenige Wochen nach der Beisetzung der eigenen Mutter gesagt bekommt, tut es weh und macht sauer. Man kann die Trauerfeier nicht wiederholen und natürlich wünscht man sich, dass sie allen gefallen hat. Gerade wenn der Verstorbene einem so nahestand. Darum kann ich nur jeden dazu anhalten: Wenn man nichts Positives über die Trauerfeier zu sagen hat, sagt einfach gar nichts. Kritik ist in diesem Fall unangemessen und tut nur weh. Solltest du eine ähnliche Erfahrung gemacht haben, denk daran, dass man nie den Geschmack von allen treffen kann. Es wird immer Leute geben, die es schöner fanden und Leute, die es weniger schön fanden. Genauso, wie es immer Personen geben wird, die etwas auszusetzen haben und das auch jeden wissen lassen müssen. Das ist ganz normal. Versuche dir nicht allzu viel daraus zu machen. Für dich sollte nur wichtig sein, dass du mit der Trauerfeier zufrieden bist.

Falls das nicht so ist und du unglücklich über die Rede bist, kannst du zum Beispiel den Ratschlag meiner Freunde befolgen. Triff dich mit Personen, die dir wichtig sind, im kleinen Kreis am Grab und halte eine Rede oder lasse jemand anderen eine Rede halten. Das könnt ihr auch mit einem kleinen Ritual, wie dem Anzünden von Kerzen, verbinden. Vielleicht möchte auch niemand von euch eine Rede halten, dann wäre eine andere Idee, dass ihr euch einfach trefft und zusammen etwas über oder für den Verstorbenen schreibt. Das Geschriebene könntet ihr anschließend bei einem Spaziergang zum Friedhof auf das Grab legen.

Selbstverständlich kannst du so etwas auch machen, wenn du mit der Trauerfeier zufrieden bist. Vielleicht ist dir einfach irgendwann danach, etwas Besonderes zu veranstalten, um des Verstorbenen zu gedenken. Wir haben an Mamas erstem Geburtstag nach ihrem Tod zum Beispiel einen Strauß bunter Ballons von ihrem Grab aus fliegen lassen. Daran war eine Karte mit ein paar Zeilen von mir und den Unterschriften von allen Freunden und Verwandten.
Solche Anlässe, wie den Geburtstag oder den Todestag des Verstorbenen, kannst du auch nutzen, um eine Art kleine Trauerfeierwiederholung zu veranstalten, bei der jeder, der möchte, ein paar Worte sagen kann. Natürlich kannst du so etwas auch ganz ohne Anlass, einfach weil dir danach ist, veranstalten.
In der katholischen Kirche gibt es die Seelenämter. 40 Tagen beziehungsweise 6 Wochen nach dem Tod und zum ersten Todestag findet ein Gottesdienst statt, beim dem des Verstorbenen durch Nennung seines Namens besonders gedacht wird. Auf Wunsch der Angehörigen kann zudem in jedem Gottesdienst ihrer Wahl für den Verstorbenen gebetet werden.
Trauer kennt keine Regeln, keine Zeitrahmen oder Anlässe. Trauer darf einfach sein, was, wann und wie man will.
Vielleicht führst du sogar ein regelmäßiges Ritual ein oder du schreibst einfach nur für dich eine Trauerrede. Was würdest du jetzt über den Verstorbenen sagen, wenn heute die Trauerfeier stattfände? Diese Rede musst du niemandem zeigen, wenn du es nicht willst.
Ich bin sicher, du findest einen Weg, deiner Trauer Ausdruck zu verleihen. Denk nur immer daran: Alles kann, nichts muss.

Musik

Zu einer Trauerfeier gehört natürlich auch Musik. Songs von CD oder Livemusik. Kirchenlieder zum Mitsingen, ein Kirchenchor, Orgelmusik, eine Sängerin, von einem Instrument begleitet oder a cappella, eine kleine Band... alles ist möglich. Bei der Entscheidung sollte man sich nicht von Außenstehenden reinreden lassen. Ältere Menschen haben es immer gerne, wenn Kirchenlieder zum Mitsingen gespielt werden. Aber wenn ihr das nicht wollte, müsst ihr euch nicht danach richten, finde ich.
Mit der Auswahl der Lieder beeinflusst man natürlich auch maßgeblich die Stimmung der Trauerfeier. Wir haben zum Beispiel bewusst nicht allzu traurige Lieder ausgewählt, da wir wussten, dass es bei so einem tragischen Trauerfall ohnehin schwer genug für alle sein wird. Es liefen zwei der Lieblingslieder meiner Mutter und zwei weitere Lieder, die mein Stiefvater und ich schön und passend fanden.
Unter Umständen hatte der Verstorbene einen Wunsch, welches Lied oder welche Lieder auf jeden Fall gespielt werden sollen. So wie meine Mama sich immer *„Über den Wolken"* von Reinhard Mey gewünscht hat, was natürlich auch auf der Trauerfeier lief.
Vielleicht gab es ein Lied, das der Verstorbene in der Zeit vor seinem Tod besonders oft gehört hat. Selbst wenn es inhaltlich oder melodisch überhaupt nicht zu einer Trauerfeier passt, kannst du dennoch darüber nachdenken, es zu spielen, wenn es sich für dich richtig anfühlt. Wie gesagt, geht es bei der Trauerfeier nicht alleine um den Verstorbenen. Ihr als Hinterbliebene seid genauso wichtig. Es ist euer Moment, um Abschied zu nehmen und ihr solltet euren Gefühlen freien Lauf lassen können. Für mich war es wichtig, Musik auszuwählen, die mir guttut und die mir aus der Seele spricht. Da-

rum haben wir die Lieder quasi aufgeteilt, zwei für Mama, zwei für uns. Auch die Reihenfolge haben wir bestimmt. Der Pastor hat die Rede dann passend um die Lieder herumgebaut.
Besonders das letzte Lied ist für mich noch heute mit sehr starken Emotionen verbunden. Immer wenn ich den Anfang von *„Can't Stop Loving You"* von Phil Collins höre, bekomme ich dieses beklemmende Gefühl. Mein Magen zieht sich zusammen, meine Kehle schnürt sich zu. Auf einmal sitze ich wieder in der Kapelle auf dem Friedhof. Ich weiß genau, dass das letzte Lied ist und die Trauerfeier gleich vorbei sein wird, und ich denke nur: „Das kann es doch jetzt nicht gewesen sein, es darf nicht schon vorbei sein. Es ist doch noch lange nicht alles über Mama gesagt." Ich will nicht, dass die Trauerfeier aufhört. Ich möchte bei Mama bleiben. Die Angst vor dem Ende der Trauerfeier macht mich handlungsunfähig. Meine Hände fühlen sich taub an, die zugeschnürte Kehle wird trocken. Ich starre vor mich hin, schluchze, das Gesicht ist nass von allen den Tränen, der wasserfeste Mascara hält zum Glück, was er verspricht, und ich frage mich, wie um Himmels willen ich gleich aufstehen, vor den Sarg treten und anschließend die Kapelle verlassen soll. Ich habe Angst. Angst davor, dass bald nicht einmal mehr Mamas Körper existieren wird.
Das Lied ist vorbei, der Pastor spricht die letzten Worte. Ich schaffe es irgendwie, aufzustehen und vor den Sarg zu treten. Mein Schluchzen lässt sich kaum mehr unterdrücken und schallt durch die Kapelle. Ich kann hier nicht weg. Ich kann Mama jetzt nicht alleine lassen.
Mein Onkel fasst mich an den Schultern und geht mit mir nach draußen. Nach und nach strömen die Menschen aus der Kapelle und ich nehme die Beileidsbekundungen entgegen. Die ganze Zeit über habe ich nur einen Gedanken: „Ich muss nochmal zu ihr!"

Als die Kapelle leer ist, gehe ich wieder hinein, zu Mama. Ich möchte einen Moment ganz mit ihr alleine sein. Unser letzter gemeinsamer Moment.
Dann spüre ich den Wunsch, dass ihr Körper heute noch aufgebahrt wäre. Damit ich zu ihr könnte. Damit ich sie sehen und ihr nahe sein könnte. Jetzt ist sie einfach weg. Das ist nur schwer zu begreifen.
Die erste Sekunde von *„Can't Stop Loving You"* reicht schon aus, um genau dieses Gedankenkarussell in mir auszulösen. Das erste Mal, dass man die Lieder nach der Trauerfeier wieder hört, ist natürlich besonders schlimm. Wie gesagt, Musik kann unsere Stimmung ungemein beeinflussen und wir verbinden schnell Ereignisse und Erinnerungen mit bestimmen Liedern.
Darum sollte die Auswahl der Trauerfeiermusik gut überlegt sein. Sie wird vermutlich dein Leben lang etwas Besonderes für dich bleiben und dich manchmal ganz unvorbereitet treffen: Einmal stand ich mitten im Bierkönig, am Ballermann auf Mallorca, als plötzlich *„Über den Wolken"* gespielt wurde. Etwas über ein Jahr nach Mamas Tod, umgeben von betrunkenen, grölenden Menschen, lagen meine Freundin und ich uns in den Armen und weinten. Gleichzeitig musste ich lachen. Wie schön, dass meine Mama auch da war, um mit uns zu feiern.

Grabgestaltung

Das Grab wird für die nächsten Jahre wahrscheinlich ein besonderer Ort für dich sein. Es tut gut, einen Ort zu haben, an den man immer wieder gehen kann. Um zu trauern oder um mit dem Verstorbenen zu sprechen.
Für mich war das Grab in den ersten Wochen und Monaten ein sehr wichtiger Bezugspunkt. Wenn ich besonders traurig oder alleine war, bin ich gerne dorthin gegangen. Auch zum Beispiel in der ersten Silvesternacht ohne Mama.
Lydia hat mir eine schöne Geschichte von einem kleinen Jungen erzählt, der zum ersten Silvester ohne seinen Papa unbedingt den ersten Böller bei ihm am Grab anzünden wollte. Ich finde, das ist eine wundervolle Idee. Wie natürlich und selbstverständlich Kinder den Tod eines Elternteiles in ihrem Leben einbinden können, überrascht mich immer wieder. Ich glaube, wir unterschätzen die kleinen Menschen manchmal ganz schön. Oft haben sie eine gesündere Weltansicht als wir Erwachsenen.

Zeitweise hast du vielleicht keine Beziehung zum Friedhof und zum Grab. Das ist ganz normal. So geht es mir auch immer mal wieder. Möglicherweise gibt es einen Ort, der wichtiger für dich ist. Der Ort des Suizids zum Beispiel, der Lieblingsplatz des Verstorbenen oder ein Ort, an dem ihr gerne gemeinsam wart. Auch solche Orte können in der Trauerbewältigung wichtig sein und immer wieder aufgesucht werden. Du könntest dort ein Bäumchen für den Verstorbenen pflanzen, einen kleineren Stein oder ein dezentes Kreuz aufstellen, falls es erlaubt ist.

Später wird es dich aber vielleicht durchaus wieder zum Grab ziehen. Auch noch nach Jahren.
Falls ihr euch für einen Friedwald entschieden habt, wird der Baum, unter dem dein Angehöriger liegt, immer etwas Besonderes für dich sein. Ein Friedwald ist eine schöne Alternative zu einem Friedhof. Man befindet sich mitten in der Natur, es ist ruhig und ungestört. Das Licht scheint sanft durch die Baumkronen und die Luft ist rein.

Möchte man jedoch ein Grab, das man individuell gestalten kann, inklusive Grabstein, wird man letztendlich doch den klassischen Friedhof wählen. Grabgestaltung wird immer moderner und ausgefallener. Mit Metallschienen oder Marmorkanteneinfassungen und Kies kann man zum Beispiel eine schöne Optik erzielen und die Grabbepflanzung mit Linien unterstreichen. Man kann Farbakzente mit bunten Blumen, über das ganze Grab verteilt oder an einem Punkt als Blickfang, setzen. Es gibt aufwändigere und pflegeleichtere Gestaltungsmöglichkeiten. Gräber, auf denen große Steine den meisten Platz einnehmen und nur wenig freier Raum für Bepflanzung bleibt, sind genauso möglich wie eine Dekoration mit kleineren, unauffälligeren Steinen, auf die gefühlvolle Botschaften eingraviert sein können. Deiner Fantasie sind keine Grenzen gesetzt. Wenn du Inspiration suchst, kannst du einen Bestatter oder Steinmetz nach einem Katalog fragen oder einfach im Internet suchen. Es gibt viele Seiten mit tollen Gestaltungsideen.
Auch für den Grabstein gibt es natürlich unzählige Möglichkeiten. Ich wollte für meine Mama gerne ein Unikat haben, daher haben wir uns für einen wunderschönen hellen Naturstein mit fließenden, roten Mustern entschieden, die Mamas künstlerische Ader unterstreichen sollen.

Es gibt Gedenkmale aus Stein, Glas, Edelstahl oder Holz in jeder erdenklichen Form. Oder man kann verschiedene Materialien kombinieren. Auch hier sind der Fantasie keine Grenzen gesetzt. Zumindest fast. Es gibt in jeder Gemeinde eine Friedhofsordnung, in der zum Beispiel die maximale Größe der Grabsteine festgelegt ist. Man kann einen vorgefertigten Grabstein kaufen, ihn selbst gestalten und anfertigen lassen oder ihn sogar selbst anfertigen.

Wenn du dich dafür entscheidest, den Stein selbst zu machen, solltest du dich aber auf jeden Fall zuvor mit einem ansässigen Steinmetz abstimmen und dich beraten lassen. Die jeweilige Friedhofsordnung muss wie gesagt eingehalten werden und das Aufstellen und Befestigen des Steins müssen von einem Steinmetz vorgenommen werden.

Das Selbstanfertigen eines Grabsteins kann natürlich eine langwierige und umfangreiche Aufgabe sein, die einen ganz schön herausfordert. Es trägt dafür aber zur Trauerbewältigung bei, da man sich kreativ und aktiv mit seinem Verlust auseinandersetzt.

Ist dir ein Grabstein für den Anfang zu viel, könntest du mit kleineren Deko-Elementen anfangen. Wie wäre es mit einem Herz aus Speckstein oder einem Engel aus Holz? Ich habe zum Beispiel ein Metallherz gekauft und es selbst graviert, eine Art kurzer Brief an meine Mama. Die Gravur sah natürlich furchtbar ungleichmäßig aus und war alles andere als schön, da ich so etwas nie zuvor gemacht hatte, aber ich war stolz darauf und hatte das Herz eine ganze Weile lang auf dem Grab liegen.

Ich finde es generell schön, immer mal wieder neue kleine Deko, gekauft oder selbstgemacht, auf das Grab zu legen. Auch kleine Karten oder Briefchen an den Verstorbenen, die man laminieren kann, um sie wetterfest zu machen, sind eine schöne Idee, die einen im Trauerprozess ein Stückchen weiterbringen können.

Auf den nächsten Seiten findest du kleine Kärtchen, die du ausschneiden, beschriften und auf das Grab deines Angehörigen legen kannst, wenn du möchtest. Du kannst sie auch an einen Heliumballon binden und in den Himmel steigen lassen, sie verbrennen, für eine Flaschenpost benutzen, in der Silvesternacht an eine Rakete binden oder einfach Zuhause aufbewahren. Diese Vorschläge hören sich jetzt vielleicht an, als seien sie eher an Kinder gerichtet, sie richten sich aber genauso an Erwachsene. Ich schreibe selbst immer wieder kurze Nachrichten an meine Mutter. An ihrem Geburtstag haben wir Ballons mit einer Karte für sie in den Himmel steigen lassen.
Solche Rituale können sehr befreiend sein, sowohl für Kinder als auch für Erwachsene.

Zusammenfassung

- Finde für die Trauerfeier den richtigen Weg für den Verstorbenen und für dich. Lass dich dabei nicht einschränken und frag den Bestatter ruhig nach ausgefalleneren Möglichkeiten.

- Die Planung der Trauerfeier ist auch eine Art Beschäftigungstherapie, die du für dich nutzen kannst.

- Die Traueranzeigen und Danksagungen sollten etwas vom Verstorbenen widerspiegeln, genauso wichtig ist es aber, dass die Trauer und die Gedanken der Angehörigen ihren Platz finden.

- Überlegt euch gut, ob ihr wirklich von Beileidsbekundungen bei der Trauerfeier oder am Grab absehen wollt.

- Es gibt viele Möglichkeiten für die Bestattung, lass dich vom Bestatter gut über alle informieren.

- Wenn der Verstorbene keinen bestimmten Wunsch hatte, überlegt euch, was das Beste für euch als Angehörige ist.

- Du kannst dem Verstorbenen etwas mit in den Sarg oder die Urne legen.

- Du u kannst dir ein Andenken von dem Verstorbenen machen lassen, zum Beispiel ein Schmuckstück mit seinem Fingerabdruck.

- Die Trauerrede kann von einem Geistlichen, einem freien Trauerredner oder jemandem aus der Familie gehalten werden.

- Ihr könnt Anlässe wie den Geburtstag des Verstorbenen nutzen, um euch zum Beispiel am Grab zu treffen und seiner zu gedenken.

- Auch die Musikauswahl für die Trauerfeier sollte nicht nur den Verstorbenen, sondern auch die Gefühle der Hinterbliebenen widerspiegeln.

- Die Musik beeinflusst maßgeblich die Stimmung der Trauerfeier.

- Bei der Grabgestaltung ist man relativ frei, man muss sich jedoch an die Friedhofsordnung halten.

- Das Grab wird für lange Zeit ein wichtiger Bezugspunkt für dich sein, auch noch nach Jahren.

- Die Grabgestaltung ist auch ein wichtiger Teil der Trauerbewältigung.

- Eigene Gedanken: ....
....
....
....
....
....
....
....
....
....
....
....
....

3 Die erste Zeit danach

Die ersten Wochen nach dem Suizid waren für mich die schwersten. Besonders all die ersten Male: das erste Mal einschlafen, das erste Mal aufwachen, das erste Mal einkaufen, das erste Mal wieder zur Hochschule gehen und viele weitere erste Male.
Ein Suizid verändert alles. Was vor dem Suizid ganz normal war, ist es plötzlich nicht mehr. Alles fühlt sich fremd und falsch an. In dieser Zeit ist es besonders wichtig, dass du auf dich selbst achtest und das ist manchmal ein Kampf ums Überleben.

Überleben

Egal wie schlecht es dir geht, es soll dir nicht ergehen wie deinem verlorenen Menschen. Du sollst nicht an deiner Trauer zerbrechen. Du sollst weiterleben.

Ich will gar nicht lange drum herumreden und möchte ganz offen und ehrlich mit dir sein. Mein Nachsterbewunsch war in den ersten Wochen und Monaten sehr groß. Ich wollte bei Mama sein. Ich war sauer, dass sie sich alleine das Leben genommen hat, statt mich mitzunehmen, wie es manche Mütter mit ihren Kindern machen. Ich habe mich furchtbar allein und im Stich gelassen gefühlt. Jeden Morgen habe ich mich gefragt, wie ich es schaffen soll, aufzustehen und weiterzumachen. Immer wieder wollte ich einfach aufgeben, raus aus dem Schmerz und der Verzweiflung. Meine Trauer tat seelisch und körperlich so weh, dass ich nur noch wollte, dass es aufhört.

Ich habe mir einen Plan überlegt, wie ich mir selbst das Leben nehmen könnte. Das war mein **Notfall**plan. Ich habe mir gesagt: „Okay, du wirst weitermachen! Tag für Tag wirst du dein Bestes geben, um zu überleben. Du wirst nicht einfach so aufgeben! Du wirst es probieren. Ein Schritt nach dem anderen. Plane nicht weiter als bis zum nächsten Tag. Überanstreng dich nicht." Wenn ich morgens aufgewacht bin, habe ich mir einfach vorgenommen noch einen Tag durchzuhalten. Und am nächsten Morgen noch einen. Und danach noch einen. Und für den Fall, dass ich es doch nicht schaffen sollte, hatte ich ja meinen Notfallplan.

Ich habe natürlich auch an meine Familie gedacht. Meine Oma, mein Vater und mein Stiefvater waren drei der Hauptgründe für mich durchzuhalten. Ich wusste, dass ich ihnen diesen zusätzlichen

Schmerz nicht antun konnte und wollte. Ich habe mir vorgestellt, wie es meiner Familie erginge, wenn sie erführen, dass ich mir ebenfalls das Leben genommen habe. Das durfte nicht passieren. Zwei weitere Gründe waren tatsächlich meine Katzen. Die beiden waren damals noch ganz klein und die Vorstellung, sie alleine zu lassen, tat mir unglaublich weh. Die beiden waren und sind irgendwie meine kleinen Lebensretter. Dank ihnen bin ich nie wirklich alleine. Wenn ich nach Hause komme, stehen sie schon an der Tür und begrüßen mich. Sie laufen mir den ganzen Tag hinterher und sind immer zum Schmusen da. Wenn du auch tierlieb bist, kann ich dir die Anschaffung eines Hundes oder einer Katze wirklich empfehlen. Tiere bereichern das Leben ungemein. Aber natürlich nur, wenn du genug Zeit und Geld dafür hast. Denn noch wichtiger, als dass die Tiere sich um dich kümmern, ist natürlich, dass du dich gut um die Tiere kümmern musst! Handle nicht unüberlegt und voreilig, nur weil in einem Buch steht, dass ein Tier dir guttun wird. Setze dich in Ruhe mit dem Thema auseinander, informiere dich und triff dann eine Entscheidung.

Ich musste meinen Notfallplan nie in die Tat umsetzen und bin dafür mehr als dankbar. Ich weiß das Leben heute wieder zu schätzen. Egal wie schlecht es dir geht und egal wie düster das Leben aussieht, irgendwann wird es wieder besser. Das verspreche ich dir. In den schönsten Momenten denke ich heute immer wieder, wie froh ich bin, mich für das Leben entschieden zu haben. Ich weiß, wie es sich anfühlt, ganz unten zu sein. Ich weiß, wie es ist, wenn man nur noch aufgeben möchte. Aber in der Entscheidung Leben oder Tod solltest du dich immer für das Leben entscheiden! Denk an all das, was du verpassen würdest. Dein Leben hält noch so viel für dich bereit. Dir wird noch so viel Gutes widerfahren.

Geh deinen Weg weiter, erst in kleinen Babyschritten, Tag für Tag, nach und nach werden deine Schritte wieder größer werden.
Vergiss zuletzt nicht, welchen Schmerz du deiner Familie und deinen Freunden antun würdest, wenn du dich für den Tod entschiedest.
Ja, unser Angehöriger hat sich für den Tod entschieden. Er konnte nicht mehr weiterleben, weil er zu krank war. Aber was er ganz sicher nicht wollte ist, dass wir seinen Weg nachgehen.
Heute verstehe ich, warum Mama mich damals nicht mitgenommen hat. Weil sie wollte, dass ich weiterlebe. Sie wollte, dass ich ein langes und glückliches Leben führe, was ihr leider nicht mehr möglich war. „Wie können sie von uns erwarten glücklich zu sein, wenn sie uns einfach alleine lassen?", denkst du jetzt vielleicht. Dieser Gedanke hat mich auch lange umhergetrieben. Ich war so sauer auf meine Mutter, dass sie mir so etwas antut. Es hat lange gedauert, bis ich verstanden habe, wie krank meine Mutter war. Heute weiß ich, dass sie mich nicht alleine gelassen hat, weil sie es wollte, sondern, weil sie nicht anders konnte. Eine Depression ist eine andere Art von Krankheit als zum Beispiel Krebs, aber sie kann ebenfalls zum Tod führen. „Seeleninfarkt" oder „Seelenkrebs" sind treffende Bezeichnungen dafür, wie ich finde.

Letztes Lied von Mascha Kaléko

Ich werde fortgehn, Kind. Doch Du sollst leben
Und heiter sein. In meinem jungen Herzen
Brannte das goldne Licht. Das hab ich Dir gegeben,
Und nun verlöschen meine Abendkerzen.

Das Fest ist aus, der Geigenton verklungen,
Gesprochen ist das allerletzte Wort.
Bald schweigt auch sie, die dieses Lied gesungen.
Sing Du es weiter, Kind, denn ich muss fort.

Den Becher trank ich leer, in raschem Zug
Und weiß, wer davon kostete, muss sterben …
Du aber, Kind, sollst nur das Leuchten erben
Und all den Segen, den es in sich trug.

Mir war das Leben wie ein Wunderbaum,
von dem in Sommernächten Psalmen tönen.
– Nun sind die Tage wie ein geträumter Traum;
Und alle meine Nächte, alle – Tränen.

Ich war so froh. Mein Herz war so bereit.
Und Gott war gut. Nun nimmt er alle Gaben.
In Deiner Seele, Kind, kommt einst die Zeit,
soll, was ich nicht gelebt, Erfüllung haben.

Ich werde still sein, doch mein Lied geht weiter.
Gib Du ihm Deinen klaren, reinen Ton.
Du sei ein großer Mann, mein kleiner Sohn.
Ich bin so müde – aber Du sei heiter.

Mir wurde irgendwann klar, dass ich genau das möchte: für meine Mutter und mich weiterleben. Es ist okay, dass sie gehen musste und ich bin bereit, ihre Entscheidung mitzutragen. Sie brauchte ihren Frieden und das will ich ihr nicht länger vorwerfen.

Notfallkoffer für die ersten Tage

Um zu überleben, sind besonders in den ersten Tagen und Wochen ganz grundlegende Dinge wichtig: essen, trinken und schlafen.
Hätte man mir nicht immer wieder Essen vor die Nase gestellt, hätte ich es in der ersten Woche wahrscheinlich komplett vergessen. Mir war einfach nicht nach Essen zumute. Schlafen konnte ich dagegen hervorragend, am besten den ganzen Tag. Aufwachen war das Problem.
Die erste Zeit der Trauer ist auch die Zeit der Extreme. Man stopft Essen in sich hinein, um die Leere zu füllen, oder man isst gar nichts, weil das Geschehene zu schwer im Magen liegt. Man kann nicht schlafen, weil die kreisenden Gedanken einen wach halten oder man schläft zu viel, um der Realität zu entgehen.

Ich möchte dir einen Notfallkoffer packen. Er enthält fünf Punkte, die du versuchen sollst, in den ersten Wochen jeden Tag zu erfüllen:

1. Trinken. Mindestens zwei Liter pro Tag (keinen Alkohol).
2. Essen. Mindestens drei Mahlzeiten am Tag.
3. Schlafen. Versuche auf 6-9 Stunden Schlaf pro Nacht zu kommen. Wenn du etwas mehr Schlaf brauchst, ist das kein Problem. Trauer ist sehr anstrengend für unseren Geist und für unseren Körper. Wir befinden uns in einer permanenten Stresssituation. Da ist es ganz normal, wenn man mal mehr Schlaf benötigt.
4. Frische Luft. Gehe mindestens einmal am Tag nach draußen.

5. Persönlicher Kontakt. Sprich mit mindestens einem Menschen am Tag Face-to-Face. Das kann auch die Bäckereifachverkäuferin sein, der du einen schönen Tag wünscht. Voraussetzung ist nur, dass der Kontakt direkt und persönlich stattfindet. Nicht am Telefon und nicht per Video-Chat!

Am Ende dieses Abschnitts findest du Notfallkoffer-Checklisten. Achte darauf, sie regelmäßig zu führen, um zu überprüfen, wie gut du für dich sorgst. Versuche jeden Tag, alle fünf Punkte abhaken zu können. Wenn die Vordrucke voll sind, kannst du handschriftliche Listen führen oder du kopierst die ein paar leere Vordrucke.
Wie lange du sie führen möchtest, musst du selbst entscheiden. Ich spreche bewusst immer nur von den „ersten Wochen". Ob das vier oder 40 Wochen sind, hängt von dir selbst ab. Jeder Mensch trauert anders und jeder in seinem eigenen Tempo. Da gibt es kein Maß, nach dem wir uns richten können oder müssen.
Mach dich bitte auch frei von moralischen Vorbehalten anderer. Ich meine damit Äußerungen wie: „Du kannst doch nicht eine Woche nach der Beerdigung schon wieder feiern gehen!" Das ist Quatsch! Wenn dir danach ist, kannst du auch am Abend nach der Beerdigung noch feiern gehen. Das bedeutet nicht, dass du nicht trauern würdest.
Es geht darum, was **du** brauchst und was **dir** guttut, um im Gleichgewicht zu bleiben. Da gibt es kein Richtig und Falsch. Versuche einfach, gut mit dir selbst im Kontakt zu sein und für dich selbst zu entscheiden, was du brauchst, ohne dich von anderen einschränken zu lassen. Fülle dein Leben mit Dingen und Personen, die dir guttun und entferne alles, was dir nicht guttut. Dazu gehört auch, sich selbst zu verwöhnen und zu entspannen.

Es ist absolut okay, wenn du dich hin und wieder bewusst ablenkst, um Auszeiten von deiner Trauer zu nehmen. Wir können nicht rund um die Uhr trauern.

Wenn du Probleme hast einzuschlafen, kannst du probieren, ganz bewusst auf deinen Atem zu achten. Beobachte, wie sich deine Brust hebt und senkt, spüre, wie er deine Lungen füllt und lausche, wie er in deinen Körper strömt. Du wirst merken, wie du langsam immer ruhiger wirst. Mir hilft diese Methode immer gut beim Einschlafen.
In der ersten Nacht nach Mamas Suizid war es für mich besonders schwer einzuschlafen. Mein Kopf wollte nicht zur Ruhe kommen, meine Gedanken kreisten unaufhörlich um das Unbegreifliche.
Um einschlafen zu können, habe ich einen ganz simplen Trick angewendet: Ich habe mich gezwungen zu lächeln. Das Hochziehen der Mundwinkel suggeriert unserem Gehirn, dass es uns gutgeht, woraufhin es Endorphine ausschüttet. Diese Glückshormone sorgen dann wiederum dafür, dass es uns tatsächlich besser geht. Sie entspannen uns und steigern unser Wohlbefinden.
So bescheuert ich mir auch vorkam – grinsend im Bett zu liegen nachdem ich meine Mutter durch Suizid verloren hatte – es hat geholfen! Innerhalb weniger Minuten war ich eingeschlafen.

Es ist auch ganz normal, wenn man in der ersten Zeit nicht alleine sein möchte oder nicht alleine schlafen kann. Suche dir eine Bezugsperson, die du rund um die Uhr erreichen kannst und die notfalls jederzeit zu dir kommen kann.
Zusätzlich zum Notfallkoffer möchte ich dir für die erste Zeit noch eine Tagesstruktur ans Herz legen. Beginne deinen Tag bewusst. Lege eine Zeit fest, zu der du spätestens aufstehen willst. Beginne

deinen Tag mit einem Frühstück, so kannst du auch direkt die erste von mindestens drei Mahlzeiten abhaken.
Dann strukturiere deinen Tag. Auch die Tage, an denen du Zuhause bist. Sorge für Regelmäßigkeiten. Beispiele hierfür sind Essen, Duschen, Hausarbeit, Spazieren gehen, zum Friedhof gehen, Sport machen, Lesen, Schreiben, Tagebuch führen oder Freunde besuchen.
Suche dir mindestens eine Aktivität pro Tag und verknüpfe deine Aufgaben und Unternehmungen mit bestimmten Tageszeiten. So werden sie zu einer Art Ritual. Das kann dir dabei helfen, dich an deinen Tagesplan zu halten.
Versuche auch Rituale einzuführen, die in Verbindung mit deiner Trauer stehen. Du kannst deinem geliebten Menschen zum Beispiel jeden Abend schreiben und ihm so von deinem Tag berichten. Oder du kannst nach dem Aufstehen in sein Zimmer gehen, ihm einen guten Morgen wünschen und von den Plänen erzählen, die du dir für den Tag gemacht hast. Auch das Schreiben des Traumtagebuches kannst du zu einem Ritual machen.

Versuche so früh wie möglich wieder zur Arbeit, zur Schule oder zur Universität zu gehen. Ich weiß, dass das am Anfang sehr schwer fallen kann, aber diese Orte haben einen ganz entscheidenden Vorteil: Hier hat sich im Vergleich zur Zeit vor dem Suizid nichts verändert. Darum tut es uns gut, dort zu sein und der Routine nachzugehen, die wir vor unserem Verlust hatten.
Übernimm dich aber auf keinen Fall! Fang mit kleinen Schritten an, gehe zum Beispiel vorerst nur jeden zweiten Tag zur Hochschule. Ich weiß, dass das auf der Arbeit eher schwierig werden könnte, aber du brauchst genügend Auszeit, um das Geschehene zu verarbeiten.

Informiere deine Kollegen, deinen Chef, beziehungsweise deine Lehrer, Professoren, Mitschüler oder Kommilitonen darüber, was passiert ist, um dir die Möglichkeit zu schaffen, im Notfall spontan eine Pause nehmen zu können.
So kannst du gefahrlos ausprobieren, ob du schon bereit dazu bist und notfalls wieder nach Hause fahren.

Bevor du schlafen gehst, solltest du deinen Tag auch ganz bewusst beenden. Hierfür kann ein Ritual wie zum Beispiel Tagebuchschreiben hilfreich sein.
Mit „bewusst beenden" meine ich in diesem Fall, dass du Aufgaben, die du möglicherweise noch nicht erledigt hast, nicht mit ins Bett nehmen sollst. Mache dir bewusst, dass es dafür morgen auch noch einen Tag gibt, und schließe für heute mit ihnen ab.

Notfallkoffer-Checklisten

Datum ....

Trinken 0,5l ☐ 1,0l ☐ 1,5l ☐ 2,0l ☐

Essen 1. Mahlzeit ☐ 2. Mahlzeit ☐ 3. Mahlzeit ☐

Schlaf
Stunden ....
6-9 Std? ☐

Frische Luft ☐

Persönlicher Kontakt ☐

Datum ....

Trinken 0,5l ☐ 1,0l ☐ 1,5l ☐ 2,0l ☐

Essen 1. Mahlzeit ☐ 2. Mahlzeit ☐ 3. Mahlzeit ☐

Schlaf
Stunden ....
6-9 Std? ☐

Frische Luft ☐

Persönlicher Kontakt ☐

Datum ....

Trinken 0,5l ☐ 1,0l ☐ 1,5l ☐ 2,0l ☐

Essen 1. Mahlzeit ☐ 2. Mahlzeit ☐ 3. Mahlzeit ☐

Schlaf
Stunden ....
6-9 Std? ☐

Frische Luft ☐

Persönlicher Kontakt ☐

Datum ....

Trinken 0,5l ☐ 1,0l ☐ 1,5l ☐ 2,0l ☐

Essen 1. Mahlzeit ☐ 2. Mahlzeit ☐ 3. Mahlzeit ☐

Schlaf Stunden .... 6-9 Std? ☐

Frische Luft ☐

Persönlicher Kontakt ☐

Datum ....

Trinken 0,5l ☐ 1,0l ☐ 1,5l ☐ 2,0l ☐

Essen 1. Mahlzeit ☐ 2. Mahlzeit ☐ 3. Mahlzeit ☐

Schlaf Stunden .... 6-9 Std? ☐

Frische Luft ☐

Persönlicher Kontakt ☐

Datum ....

Trinken 0,5l ☐ 1,0l ☐ 1,5l ☐ 2,0l ☐

Essen 1. Mahlzeit ☐ 2. Mahlzeit ☐ 3. Mahlzeit ☐

Schlaf Stunden .... 6-9 Std? ☐

Frische Luft ☐

Persönlicher Kontakt ☐

Datum ....

Trinken 0,5l ☐
1,0l ☐
1,5l ☐
2,0l ☐

Essen 1. Mahlzeit ☐
2. Mahlzeit ☐
3. Mahlzeit ☐

Schlaf
Stunden ....
6-9 Std? ☐

Frische Luft ☐

Persönlicher Kontakt ☐

Datum ....

Trinken 0,5l ☐
1,0l ☐
1,5l ☐
2,0l ☐

Essen 1. Mahlzeit ☐
2. Mahlzeit ☐
3. Mahlzeit ☐

Schlaf
Stunden ....
6-9 Std? ☐

Frische Luft ☐

Persönlicher Kontakt ☐

Datum ....

Trinken 0,5l ☐
1,0l ☐
1,5l ☐
2,0l ☐

Essen 1. Mahlzeit ☐
2. Mahlzeit ☐
3. Mahlzeit ☐

Schlaf
Stunden ....
6-9 Std? ☐

Frische Luft ☐

Persönlicher Kontakt ☐

Datum ....

Trinken 0,5l ☐ 1,0l ☐ 1,5l ☐ 2,0l ☐

Essen 1. Mahlzeit ☐ 2. Mahlzeit ☐ 3. Mahlzeit ☐

Schlaf Stunden .... 6-9 Std? ☐

Frische Luft ☐

Persönlicher Kontakt ☐

Datum ....

Trinken 0,5l ☐ 1,0l ☐ 1,5l ☐ 2,0l ☐

Essen 1. Mahlzeit ☐ 2. Mahlzeit ☐ 3. Mahlzeit ☐

Schlaf Stunden .... 6-9 Std? ☐

Frische Luft ☐

Persönlicher Kontakt ☐

Datum ....

Trinken 0,5l ☐ 1,0l ☐ 1,5l ☐ 2,0l ☐

Essen 1. Mahlzeit ☐ 2. Mahlzeit ☐ 3. Mahlzeit ☐

Schlaf Stunden .... 6-9 Std? ☐

Frische Luft ☐

Persönlicher Kontakt ☐

Datum ....

Trinken 0,5l ☐ 1,0l ☐ 1,5l ☐ 2,0l ☐

Essen 1. Mahlzeit ☐ 2. Mahlzeit ☐ 3. Mahlzeit ☐

Schlaf Stunden .... 6-9 Std? ☐

Frische Luft ☐

Persönlicher Kontakt ☐

Datum ....

Trinken 0,5l ☐ 1,0l ☐ 1,5l ☐ 2,0l ☐

Essen 1. Mahlzeit ☐ 2. Mahlzeit ☐ 3. Mahlzeit ☐

Schlaf Stunden .... 6-9 Std? ☐

Frische Luft ☐

Persönlicher Kontakt ☐

Datum ....

Trinken 0,5l ☐ 1,0l ☐ 1,5l ☐ 2,0l ☐

Essen 1. Mahlzeit ☐ 2. Mahlzeit ☐ 3. Mahlzeit ☐

Schlaf Stunden .... 6-9 Std? ☐

Frische Luft ☐

Persönlicher Kontakt ☐

Datum ....

Trinken 0,5l ☐ 1,0l ☐ 1,5l ☐ 2,0l ☐

Essen 1. Mahlzeit ☐ 2. Mahlzeit ☐ 3. Mahlzeit ☐

Schlaf Stunden .... 6-9 Std? ☐

Frische Luft ☐

Persönlicher Kontakt ☐

Datum ....

Trinken 0,5l ☐ 1,0l ☐ 1,5l ☐ 2,0l ☐

Essen 1. Mahlzeit ☐ 2. Mahlzeit ☐ 3. Mahlzeit ☐

Schlaf Stunden .... 6-9 Std? ☐

Frische Luft ☐

Persönlicher Kontakt ☐

Datum ....

Trinken 0,5l ☐ 1,0l ☐ 1,5l ☐ 2,0l ☐

Essen 1. Mahlzeit ☐ 2. Mahlzeit ☐ 3. Mahlzeit ☐

Schlaf Stunden .... 6-9 Std? ☐

Frische Luft ☐

Persönlicher Kontakt ☐

Traumtagebuch

„For in dreams we enter a world that is entirely our own."
(J.K. Rowling, Harry Potter and the Prisoner of Azkaban)

In einem Traumtagebuch notierst du deine Träume. Am besten direkt nach dem Aufwachen, wenn du dich noch gut an sie erinnern kannst. Du kannst entweder nur die Träume aufschreiben, die in Zusammenhang mit dem Suizid stehen, oder du schreibst alle auf, an die du dich erinnerst. Mit der Zeit wirst du feststellen, dass sich die Träume verändern und vielleicht wirst du sogar ein Schlüsselerlebnis in einem Traum haben.

Ich habe über Monate hinweg immer wieder etwas Ähnliches geträumt: Mama war zurück und ich nutzte die Chance, um ihr zu sagen, dass sie sich auf keinen Fall das Leben nehmen darf.
Die Form des Traumes war immer ein bisschen anders; mal war ich bei ihr in der Klinik, mal war sie bei mir zuhause oder wir waren bei ihr zuhause, ein anderes Mal saßen wir in einem Bus. Aber der Ablauf war immer gleich: Erst konnte ich nicht glauben, dass sie wirklich wieder da war. Dann habe ich es einfach glücklich akzeptiert und ihr gesagt, dass sie sich auf keinen Fall umbringen darf. Ich wollte meinen Einfluss auf das Geschehene einfach nicht aufgeben.
Aber nach und nach haben meine Träume sich verändert. Ungefähr ein dreiviertel Jahr nach Mamas Suizid, habe ich das erste Mal von ihr als eine Art Geist geträumt. Während ich in den Träumen davor immer wieder angenommen habe, dass sie tatsächlich wieder zurück ist, als lebendiger Mensch, war ich mir nun das erste Mal sicher, dass das nicht sein kann und sie daher ein Geist sein

muss. Sie hat dann etwas zu mir gesagt, an das ich mich nicht mehr wortgenau erinnere, aber die Bedeutung dessen war, dass es okay ist und sie jetzt gehen kann. Ich hatte diesen Traum kurz nachdem mein Stiefvater mir erzählte, dass er eine neue Frau kennengelernt hat. Es hat sich daher für mich so angefühlt, als wolle Mama mir sagen, dass das okay für sie ist.
Ungefähr eineinhalb Jahre nach ihrem Suizid hatte ich das erste Mal einen Traum, in dem ich nicht glücklich darüber war, dass sie zurück war. Ich hatte Angst, dass sie für immer depressiv bleiben könnte und wir sie für den Rest ihres Lebens rund um die Uhr bewachen müssten. Dass wir sie nicht mehr alleine lassen dürften.

Auch die Häufigkeit der Träume hat nachgelassen. Heute träume ich selten von Mama. Diese Träume sind insgesamt normaler geworden, ohne Geister und ohne Suizid. Den Traum, in dem ich sie von ihrem Suizid abhalte, hatte ich das letzte Mal ungefähr eineinhalb Jahre nach ihrem Suizid.
Etwa zu dieser Zeit habe ich auch im realen Leben angefangen zu begreifen, dass ich nichts mehr an ihrem Tod ändern kann und dass ich nicht schuld daran bin. Zu sehen, wie meine Träume sich verändern, hat mir auch in der Realität geholfen, diese Dinge zu begreifen. Die meisten der Träume hätte ich vergessen, wenn ich sie nicht aufgeschrieben hätte. Dank des Traumtagebuchs konnte ich sie immer wieder lesen und die Entwicklung nachvollziehen.

Auf den nächsten Seiten kannst du direkt anfangen, dein eigenes Traumtagebuch zu führen. Auf Dauer ist es aber schöner, ein eigenes Heft oder Buch dafür zu haben. Ich rate dir eher davon ab, es am Computer zu führen, da man diesen in der Regel nicht bei sich am Bett hat und es wirklich wichtig ist, die Träume direkt nach dem

Aufwachen zu notieren. Je länger du wartest, desto mehr wirst du vergessen.
Du kannst natürlich auch dein Handy nutzen, entweder zum Schreiben oder du nimmst eine Sprachmemo auf und verschriftlichst diese später.
Ich habe ein kleines Ringbuch in meinem Nachttisch liegen, das mir eine Freundin von Mama geschenkt hat. Vielleicht hast du ja auch kürzlich etwas in der Art geschenkt bekommen?
Wenn nicht, dann nimm die folgenden Seiten.

Mein Traumtagebuch

Datum .... Wie fühle ich mich ....

Mein Traum

Veränderungen zum letzten Traum

Botschaft

Datum .... Wie fühle ich mich ....

Mein Traum

Veränderungen zum letzten Traum

Botschaft

Datum .... Wie fühle ich mich ....

Mein Traum

Veränderungen zum letzten Traum

Botschaft

Datum .... Wie fühle ich mich ....

Mein Traum

Veränderungen zum letzten Traum

Botschaft

Datum .... Wie fühle ich mich ....

Mein Traum

Veränderungen zum letzten Traum

Botschaft

Alltag bewältigen

Ich hatte lange Zeit Schwierigkeiten mit dem Alltag. Das lag zu einem großen Teil daran, dass ich ihn nicht wollte. Alltag hat sich wie ein Verrat an Mama angefühlt. So lange sie fehlte, konnte ich doch nicht einfach zur alltäglichen Routine zurückkehren, als sei nichts passiert! Ich war zeitweise richtig sauer auf meine Familie, als ich gemerkt habe, dass sie schon wieder mitten im Alltag angekommen waren. Das fühlte sich so falsch an.
Wichtig ist: Auch wenn es sich vielleicht falsch anfühlt, ist am Alltag absolut gar nichts falsch. Ganz im Gegenteil: Um weiterleben zu können, brauchst du ihn. Es hilft niemandem weiter, wenn du Tag für Tag damit verbringst, alleine zuhause zu sitzen und zu trauern. Das hätte auch dein Angehöriger niemals so gewollt.
Trotzdem kann ich es nachvollziehen, wenn es dir gerade so geht und du dir nichts anderes vorstellen kannst. Das ist ganz normal. Aber irgendwann musst du damit anfangen, wieder normalen Tätigkeiten nachzugehen. Zur Arbeit, Schule oder in die Hochschule gehen, Einkaufen gehen, Sport treiben, deinen Hobbies nachgehen, dich mit Freunden treffen. Diese Dinge sind wichtig, damit du dich nicht selbst in einer Depression wiederfindest. Alltag ist wichtig und tut dir vor allem gut, auch wenn du das im Moment wahrscheinlich nicht so siehst oder nicht so sehen willst. Es ist völlig normal, dass du Zeit brauchst, um den Alltag wieder zulassen zu können. Mach dir keine Sorgen, wenn du das Gefühl hast, dass es bei dir zu lange gedauert. Es gibt keine „Regelzeit", die du einhalten musst. Jeder trauert nach seinen eignen Regeln und in seiner eigenen Geschwindigkeit.
Beinahe alles, was zum Alltag gehört, stellte sich in den ersten Wochen und Monaten als schier unüberwindbare Hürde für mich

dar. Die erste Aufgabe des Tages war genauso schwer wie simpel: aufstehen. Nicht selten lag ich bis mittags im Bett, weil ich keinen Sinn darin sah, aufzustehen. Es war doch viel logischer, einfach liegenzubleiben, weiter zu schlafen und darauf zu hoffen, nochmal zurück in den Traum mit Mama eintauchen zu können.
Andere Menschen haben kein Problem mit dem Aufstehen, dafür aber mit dem Einschlafen. Wichtig ist, dass man es irgendwann wieder schafft, einen gesunden Schlafrhythmus mit ausreichend, aber nicht zu viel Schlaf zu etablieren. Wenn sich dein gewohnter Schlafrhythmus nicht wiedereinstellen will und du merkst, dass das zu sehr an deinen Kräften zehrt, solltest du einen Arzt aufsuchen.

Alles wird zur Herausforderungen, selbst die eigene Körperhygiene. Um regelmäßig zu duschen, musste ich schon beinahe einen Kalender führen.
Genauso schwierig waren alle Aufgaben, bei denen man sich aufraffen musste, das Haus zu verlassen. Im schlimmsten Fall würde man noch anderen Menschen begegnen! Was, wenn die ein Gespräch anfangen wollen?! Also lieber erst um 21:40 Uhr, kurz vor Ladenschluss, einkaufen.
Selbst zu simpelsten Dingen, wie Essen und Trinken, musste ich mich ermahnen, um mich nicht davor zu drücken. Auf Kochen hatte ich schonmal gar keine Lust. Lieber Mensa, Lieferservice oder Mikrowelle. Macht auch satt.
Die angenehmeren Dinge, wie Freunde, Hobbies und Haustiere, bekommt man natürlich leichter wieder in sein Leben integriert. Das ist gut so, denn diese Dinge geben uns Energie und sorgen für einen Aufschwung, der uns auch unangenehmere Dinge wieder ertragen lässt. Dazu zählen für mich zum Beispiel Behördengänge, Rechnungen bezahlen, E-Mails und Post beantworten, Ver-

sicherungen umschreiben lassen oder Akten sortieren. Besonders die Aufgaben, die in Zusammenhang mit dem Tod meiner Mutter standen, wie die Besuche beim Notar, habe ich endlos lange vor mir hergeschoben. Ich konnte mich kaum überwinden, mich mit diesen Dingen zu beschäftigen. Hätte mich meine Familie hierbei nicht unterstützt, säße ich vermutlich heute noch daran.

Auch den Haushalt habe ich lange Zeit stark schleifen lassen. Wenn du dich also gerade bei dir zuhause umschaust und es dreckig und unordentlich ist, musst du dich dafür keineswegs schämen. Irgendwann fallen einem diese Aufgaben wieder leichter und dann sieht es ruckzuck wieder picobello bei dir aus.

Wenn dir deine Aufgaben zu viel werden, zögere nicht Hilfe anzunehmen, die man dir anbietet. Auch dafür brauchst du dich nicht zu schämen. Bitte eine Freundin darum, Wecker zu spielen und lass dich morgens von ihr anrufen, um nicht allzu lange zu schlafen. Schnapp dir jemanden, der mit dir einkaufen fährt, damit du das nicht alleine machen musst, oder bitte zum Beispiel deine Tante, dir ein paar Dinge mitzubringen, wenn sie einkaufen geht. Bestimmt lädt dich auch gerne jemand zum Essen ein oder deine nette Nachbarin bringt dir etwas von dem Eintopf vorbei, den sie gekocht hat. Übrigens: Aufräumen und putzen kann zusammen mit einem guten Freund richtig Spaß machen. Dreht die Musik laut auf und tanzt mit dem Staubsauger. In Nullkommanichts ist das ganze Haus wieder ordentlich.

So kombinierst du sogar Haushalt mit Ablenkung und Ablenkung ist eine willkommene Alternative, um mal wieder durchatmen zu können. Lesen, Fernsehen, Rausgehen, Freunde treffen… tu das, wonach dir der Sinn steht, aber übernimm dich dabei nicht. Es gibt auch Ablenkungen, die dir vielleicht weniger guttun. Ich hielt es nach wenigen Monaten für eine gute Idee, mit Freundinnen feiern zu gehen. Das Ganze endete für mich weinend, mitten auf der Tanzfläche, weil ich es nicht ertrug, all die anderen Menschen zu sehen, die so glücklich und unbeschwert feiern konnten. Alkohol kann ein hinterhältiger, falscher Freund sein. In dem einen Moment macht er dich locker, lässt dich vergessen und Spaß haben, im nächsten macht er dich emotional und verstärkt deine Trauer um ein Vielfaches. Du solltest seine Wirkung nicht unterschätzen.

In der ersten Zeit wirst du vermutlich nicht sehr belastbar sein und es wird dir an Konzentration mangeln. Mir ging es auf jeden Fall so. Ich vergaß alles, was ich mir nicht aufschrieb. Als ich langsam anfing, hin und wieder zur Hochschule zu gehen, merkte ich schnell, dass ich den Vorlesungen nur ungefähr fünf Minuten lang folgen konnte. Danach hätte genauso gut ein Pinguin vorne stehen können, es wäre mir vermutlich nicht aufgefallen. Ich driftete sofort ab, der Blick wanderte Richtung Fenster, die Gedanken Richtung Mama. Je komplexer das Thema der Vorlesung war, desto weniger war ich in der Lage, irgendetwas aufzunehmen.
Wenn es dir genauso geht, sei beruhigt; das ist ganz normal und wird irgendwann wieder besser. Ich setzte ein Semester mehr oder weniger aus, legte aber immerhin die Hälfte der Prüfungen ab. Das darauffolgende Semester lief schon wieder fast normal. Ich hatte zum Glück eher wenige Fächer und musste daher keine Prüfung schieben.
Nach ungefähr einem Jahr war ich einigermaßen zurück im Alltag angekommen. Das bedeutet nicht, dass es mir nach einem Jahr richtig gutging, aber zumindest konnte ich mich wieder für längere Zeit konzentrieren und war wieder belastbarer. Und was noch viel wichtiger war: Alltag fühlte sich für mich endlich nicht mehr falsch an.

Das erste Jahr spielt in der Trauerbewältigung generell eine wichtige Rolle. Im ersten Trauerjahr sollte man große Veränderungen möglichst vermeiden. Dazu zählt, dass man nicht umziehen und weder seinen Job noch den Partner wechseln sollte. Triff keine schwerwiegenden Entscheidungen!
Der Tod eines geliebten Menschen stellt einen sehr gravierenden Umbruch in unserem Leben dar, mit dem unsere Psyche bereits vollends ausgelastet ist. Packen wir da nun direkt den nächsten großen Umbruch drauf, ist die Wahrscheinlichkeit leider recht hoch, dass uns das einfach zu viel wird. Depressionen können eine mögliche Folge sein.
Stattdessen sollte man lieber versuchen, sein restliches Leben vorerst möglichst konstant weiter zu leben. In einem bekannten, sicheren Umfeld können wir uns deutlich besser auf die Trauerbewältigung konzentrieren. Eine gesunde Trauerbewältigung ist Voraussetzung dafür, selbst gesund zu bleiben, sowohl physisch als auch psychisch.

Zum Alltag gehört auch der Kontakt zu anderen Menschen. Vielleicht kennst du das: Alleine die Frage „Wie geht es dir?" nervt einen. Wenn es einem schlecht geht, denkt man sich „Schlecht natürlich, wie sollte es mir sonst gehen?!" und wenn es einem gut geht, hat man direkt ein schlechtes Gewissen, dass man nicht genug trauert, und man will gar nicht ehrlich auf die Frage antworten. Ich rate dir, antworte immer ehrlich! Du musst kein schlechtes Gewissen haben, wenn es dir gut geht. Es darf dir gut gehen und es darf dir schlecht gehen und was auch immer jetzt zutrifft, sag es einfach geradeheraus. Du darfst natürlich auch sagen, dass du jetzt gerade nicht darauf antworten möchtest, wenn dir nicht danach zumute ist, darüber zu sprechen.

Mehr zum Thema Kommunikation mit Trauernden findest du ab Seite 119.

Versuche kleine Schritte zurück in den Alltag zu gehen, statt von heute auf morgen direkt wieder das volle Programm zu fahren. Alltag ist gut und notwendig, du solltest aber nicht versuchen, deine Trauer gänzlich durch ihn zu verdrängen. Lass dir genug Freiraum, das Erlebte zu verarbeiten. Verdrängung wird letztendlich nur alles schlimmer machen, darum nimm dir auch immer wieder Zeit, dich mit deiner Trauer auseinanderzusetzen. Besonders Stress kann bei der Trauerbewältigung ein Störfaktor sein, darum übernimm dich nicht. Setzte dich nicht direkt wieder vor einen Berg aus Arbeit, sondern teile sie dir gut ein. Mit ausreichend Pausen dazwischen.

Du gehst mit mir

Alltag bedeutet übrigens nicht, dass wir den Verstorbenen daraus ausklammern müssen. Ganz im Gegenteil. Du kannst den Menschen, den du verloren hast, immer bei dir tragen.
Ich frage mich bei dem, was ich tue, oft, was Mama davon halten würde. Wie sie das Oberteil finden würde, das ich gerade anprobiere oder ob sie die neue Freundin mögen würde, mit der ich zum Feiern verabredet bin.

An meinem Autoschlüssel hängt ein Schlüsselanhänger, den Mama mir einmal geschenkt hat, und an meiner linken Hand trage ich fast immer einen Ring von ihr.
Wenn ich für ein, zwei Nächte nicht zuhause schlafe, nehme ich Mamas Kulturtasche mit auf Reisen. Damit beim Schneeschüppen meine Füße warm bleiben, ziehe ich ihre Winterstiefel an. Mit dem Epilieren habe ich nur angefangen, weil ich mir ihren Epilierer genommen habe und ungefähr ein Jahr lang habe ich ihre Handtasche benutzt. Auch ein paar ihrer Turnschuhe trage ich oft, sodass sie wortwörtlich mit mir geht.
Ich habe Erinnerungen an sie als Gebrauchsgegenstände in meinen Alltag integriert, um sie auf diese Weise immer bei mir zu haben. Der Schlüsselanhänger und der Ring sind zwei meiner wichtigsten Alltagsbegleiter, die ich so gut wie jeden Tag bei mir trage.

Es würde mich freuen, wenn dir beim Lesen selbst Dinge eingefallen sind, die du von nun an in deinen Alltag integrieren kannst. Falls nicht, auch kein Problem.
Viel wichtiger als Gegenstände mit sich zu tragen, ist es, den Verstorbenen in seinem Herzen zu tragen. Dass du im Alltag an ihn

denkst und von ihm sprichst. Seine Liebe wird dich weiterhin begleiten und stärken, dessen sei dir gewiss.

„Du bist nicht mehr da, wo du warst – aber du bist überall, wo wir sind."
(Victor Hugo)

„The ones who love us never really leave us."
(J.K. Rowling, Harry Potter and the Prisoner of Azkaban)

Wenn mich die Gefühle übermannen

In der ersten Zeit fällt es uns schwer, unsere Gefühle zu kontrollieren. Mitten in der Öffentlichkeit fangen wir aus dem Nichts an zu weinen. Wir sehen ein Foto und bekommen urplötzlich keine Luft mehr. Wir hören ein Lied und wollen schreien, weil es uns innerlich zerreißt. Wir sitzen im Auto und sehen von einem Moment auf den anderen die Straße nicht mehr, weil sie hinter einem Schleier aus Tränen liegt.
Drei Situationen sind mir besonders im Gedächtnis geblieben.

Ich hatte gerade mein erstes Semester hinter mich gebracht und freute mich über die Semesterferien, als die Depressionen meiner Mutter immer schlimmer wurden. Da sie nicht alleine sein wollte, begleitete sie mich zu meiner Hochschule, als ich Fotoequipment zurückbringen musste, das ich mir ausgeliehen hatte. Als ich ihr einen meiner Hörsäle zeigte, ging sie Reihe für Reihe die Sitzbänke entlang und sah sich die gekritzelten Kunstwerke meiner Kommilitonen auf den Tischen an. Sie überlegte, auch etwas auf einen der Tische zu malen, ließ es aber sein, aus Angst erwischt zu werden. Wir gingen in die Mensa, um zu frühstücken. Wir saßen an meinem Lieblingstisch, genossen die ersten Sonnenstrahlen, die durch die breiten Fensterfronten der Mensa schienen, und machten ein paar Selfies von uns. Mama war mit jedem der Bilder unzufrieden und wollte, dass ich sie lösche. Zwei habe ich trotzdem behalten.
Als ich das erste Mal danach wieder in der Mensa war, lebte Mama schon nicht mehr. Es war zu Beginn meines zweiten Semesters, als ich langsam wieder anfing, einige Vorlesungen zu besuchen. Ich saß mit einigen meiner Kommilitoninnen recht weit hinten, ließ meinen Blick durch die Mensa streifen und blieb an dem Tisch

hängen, an dem ich mit Mama gesessen hatte. Die Erinnerung traf mich wie ein Schlag in die Magengrube. Ich konnte nichts gegen die Tränen machen, die binnen einer Sekunde meine Augen füllten und sich von dort aus ihren Weg über meine Wangen suchten. Hände berührten meine Schultern, jemand streichelte mir über den Rücken und wir verließen die Mensa Richtung Hinterausgang. Draußen habe ich den anderen alles erzählt. Bisher hatte ich mit den meisten nur kurz geschrieben, um zu erklären, warum ich nicht mehr zur Hochschule kam. Nun sprach ich bis ins kleinste Detail darüber, was geschehen war. Während ich meine Geschichte erzählte, fühlte ich mich selbst wie ein Zuhörer. Jemand, der einer fremden Geschichte lauscht, die nichts mit ihm zu tun hat. Es fühlte sich nicht so an, als hätte ich wirklich erlebt, was ich da schilderte. Eher, als handele es sich dabei um einen Film, den ich gesehen hatte.

Vielleicht hast du so eine Erfahrung auch schon gemacht? Das ist vollkommen normal. Wir haben all das ja unter Schock erlebt. Unser Geist hat sich abgeschottet, um zu überleben. Wir waren wie unter einer Glaskuppel. Die Augen getrübt, die Ohren voll Watte. Die ersten Tage, nach dem wir die Nachricht erhalten haben, waren vollkommen irreal für uns. Darum kann es sein, dass wir nahezu emotionslos über diese Zeit sprechen können.

Die zweite Situation spielte sich ebenfalls in der Hochschule ab. Ich saß in der Animations-Vorlesung und wir schauten uns einen Kurzfilm an, *„Father and Daughter"* von Michael Dudok de Wit.

Ein Mädchen fährt mit ihrem Vater Rad. Sie fahren auf einem Deich am Meer entlang. Dann halten sie an, der Vater umarmt seine Tochter und steigt den Deich hinab zu einem kleinen Ruderboot. Er blickt noch einmal zurück, läuft zu seiner Tochter hinauf und

hebt sie hoch, drückt sie noch einmal an sich, bevor er zurück zum Boot geht und auf das offene Meer rudert. Das Mädchen schaut ihrem Vater hinterher, nach einer Weile fährt sie alleine zurück. Sie wird älter und fährt immer wieder zu der Stelle, an der ihr Vater sie alleine gelassen hat. Egal bei welchem Wetter.
Irgendwann ist sie erwachsen, sie lernt einen Mann kennen und hat eigene Kinder, mit denen sie zu der Stelle am Meer fährt. Doch die Sehnsucht nach ihrem Vater erfüllt sie weiterhin. Als sie schließlich als ältere Frau wieder dort ist, sieht sie, dass das Wasser weg ist, ausgetrocknet. In der vorletzten Sequenz sind wieder einige Jahre vergangen. Sie ist nun alt und gebrechlich und wo einst das Meer war, steht nun hohes Gras. Sie streift durch das Gras, bis sie das Ruderboot ihres Vaters findet und legt sich hinein.
Der Film endet mit einer Traum- oder Nachtod-Sequenz. Sie liegt noch in dem Boot, wacht dann auf und beginnt zu laufen. Während sie läuft, wird sie immer jünger, bis sie als junge Frau auf ihren Vater trifft und die beiden sich in die Arme schließen.

Das Fortgehen des Vaters kann man natürlich ganz unterschiedlich interpretieren. Für mich, wenige Monate nach dem Suizid meiner Mutter, gab es nur eine Interpretation: Der Vater hatte sich das Leben genommen.
Zu sehen, wie das Mädchen ihr Leben lang mit dem Verlust ihres Vaters zu kämpfen hat, war, als würde man mir meine eigene Zukunft zeigen. „So wird dein Leben aussehen. Du wirst deine Mutter immer vermissen. Niemals wirst du damit abschließen können."
Mein Professor fragte: „Worum ging es in dem Film?"
„Der Vater hat sich umgebracht", flüsterte ich vor mich hin.
Jemand meldete sich und schilderte den Film aus seiner Sicht. Ich erinnere mich nicht mehr an die Worte der Person, aber ich weiß,

dass das der Moment war, in dem bei mir die Dämme brachen. Ich fing an zu weinen, mitten in der Vorlesung, vor all meinen Kommilitonen. Zwei Freundinnen gingen mit mir raus, an die frische Luft. Wir sprachen, bis ich mich beruhigt hatte. Dann gingen wir zurück in die Vorlesung. Ich weiß noch, dass ich mir gewünscht hätte, mein Professor möge mich darauf ansprechen. Das tat er aber nicht.
Meine Kommilitonen übrigens auch nicht. Die meisten haben gar nichts davon mitbekommen und wenn doch, so wurde es nie zum Thema gemacht.

Du musst dich nie für deine Gefühle schämen. Wenn deine Tränen kommen, dann ist das vollkommen okay, egal wann und wo. Sie sind sogar heilend und sollten nicht von dir heruntergeschluckt werden. Ständiges Verdrängen macht dich auf Dauer nur kaputt. Glaub mir, es ist viel anstrengender, sich immer wieder vom Weinen abzuhalten, als einfach seine Gefühle herauszulassen. Das ist sehr befreiend und es wird dir anschließend zumindest für einen Moment ein wenig besser gehen.
Mit der Zeit wirst du deine Gefühle wieder im Griff haben und selbst bestimmen können, wann und wo du sie zeigst. Aber solange dich das Anstrengung kostet, lass sie einfach kommen und gehen, wie sie wollen. Dein Umfeld wird Verständnis dafür haben. Die meisten unserer Mitmenschen sind verständnisvoller, als wir es ihnen zutrauen. Und wenn es mal jemand nicht ist, auch egal! Befreie dich davon, es jedem Recht machen zu wollen. Das schafft niemand. Stelle stattdessen dich selbst in den Mittelpunkt deiner Aufmerksamkeit und mach es dir selbst recht. Womit geht es **dir** gut? Das ist alles, was die nächsten Wochen und Monate zählt.

Die dritte Situation war auf einem Festival, ungefähr drei Monate nach Mamas Suizid. Gut angetrunken stand ich mit meiner Freundin in der Menschenmenge vor der Bühne, auf der gerade „Fettes Brot" spielten. Ich blickte mich um, sah all die unbeschwerten, fröhlichen Gesichter und fühlte mich plötzlich wie abgeschnitten von meiner Umwelt. „Ich bin nicht wie die", schoss es mir durch den Kopf. „Mein Leben ist nicht unbeschwert. Ich kann hier nicht einfach rumtanzen, lachen und singen, als sei nichts gewesen." Ich wurde unglaublich wütend auf alle um mich herum. Wütend und neidisch. „Mein Leben soll auch wieder unbeschwert sein!"

Diese Zeilen aus dem Lied „Echo" gaben mir dann den Rest:

> *„Kam lange keiner mehr zu Besuch,*
> *ich hab' genug vom alleine sein*
> *und irgendwie ist alles so irgendwo*
> *zwischen Oh Yeah und Okay.*
> *Doch wozu all die ganzen Gedanken,*
> *wenn sie keiner hört?*
> *Ich versuche meinen Weg zu finden*
> *- Aber wie?"*

Von einer Sekunde auf andere stand ich plärrend wie ein kleines Mädchen auf der Festwiese, umgeben von Blicken, die sagten: „Da hat wohl jemand zu viel getrunken." und wäre am liebsten nach Hause gegangen. Selbstverständlich erst nachdem ich diesen Armleuchtern klargemacht hätte, dass hier nicht Alkohol, sondern eine tote Mutter das Problem war.
So ein Bullshit. Natürlich waren die Menschen um mich herum keine Armleuchter und natürlich war ich nicht der einzige Mensch auf diesem Festival, der Probleme hatte. Solange wir nicht explizit von

jemandem wissen, dass es ihm schlecht geht, denken wir meist automatisch, es gehe ihm gut. Aber lachend und tanzend auf einem Festival zu stehen, sagt nichts darüber aus, wie es in einem aussieht.
Jedes Jahr nehmen sich in Deutschland rund 10.000 Menschen das Leben. Das bedeutet, es sterben mehr Menschen durch Suizid als durch Verkehrsunfälle, Mord und Totschlag, illegale Drogen und Aids zusammen. Wenn man bedenkt, wie viele jeweils von dem Tod eines Menschen betroffen sind, ist die Wahrscheinlichkeit hoch, dass auf diesem Festival noch andere Menschen mit einem ähnlichen Schicksal waren.
Heute bin ich mir dessen bewusst und heute sehe ich wieder gerne, wie andere Menschen Spaß haben. Es hat aber eine ganze Weile gedauert, bis ich das wieder ertragen konnte und ich finde, das ist auch okay so. Wir müssen uns nicht dafür schämen, in den ersten Monaten anderen ihre Fröhlichkeit zu missgönnen. Wenn du solche Gedanken hast, dann lass sie ruhig zu. Es ist normal, so zu fühlen. Wenn du dafür bereit bist, wirst du wieder anfangen mehr Empathie für andere zu empfinden.
Jeder hat sein Päckchen zu tragen, dessen sei dir gewiss. Das Schöne ist aber: Es gibt Momente, in denen selbst die größten Päckchen federleicht werden. So leicht, dass man sogar auf einem Festival tanzen und lachen kann.
Ich bin damals nicht nach Hause gegangen. Ich habe einen Schauer geheult, alles rausgelassen und dann erleichtert weitergefeiert. So ist das Leben, es geht auf und ab. „Das Leben ist eine Achterbahn", heißt es doch. Also steh nicht daneben und schau nur zu. Versuch auch bitte nicht die Notbremse zu ziehen. Steig lieber ein und fahr mit. Es gibt auch genug Platz für dein Päckchen.

Diese drei Situationen sind mir wahrscheinlich deswegen so im Gedächtnis geblieben, weil sie in der Öffentlichkeit stattgefunden haben. Unsere Gefühle können uns aber natürlich jederzeit und überall überraschen. In den ersten Monaten meist komplett aus dem Nichts. Man ist mit seinen Gedanken ja sowieso die ganze Zeit bei dem Suizid und seinem Angehörigen. Die Trauer kommt in ständigen Wellen, immer wieder, Tag und Nacht.

Nach einer Weile brechen die Gefühle dann durch ganz bestimmte Trigger auf. Das Lieblingslied des Verstorbenen im Radio, ein Foto, das wir noch im Schank hatten, ein handschriftlicher Einkaufszettel in der Küchenschublade, ein Fremder auf der Straße, der das gleiche Parfüm trägt. Ein kurzer Moment und wir stecken wieder mitten in unserer Trauer.

Ich habe irgendwann damit angefangen, solche Momente bewusst zu nutzen. In Wochen, in denen ich mir zu wenig Zeit für meine Trauer genommen habe, habe ich sie wie einen Wecker betrachtet. Eine Erinnerung daran, dass ich mich wieder mehr mit meinem Verlust auseinandersetzen muss. Das habe ich dann auch getan – und vor allem: so selten wie möglich Gefühle heruntergeschluckt! Das kann ich gar nicht oft genug sagen.

Ich weiß, dass wir Angst haben, unser Umfeld mit unserer Trauer zu belasten. Ich weiß, dass es uns schwerfällt, unsere Gefühle einfach so rauszulassen, wie sie kommen. Aber ich bitte dich darum, es trotzdem zu versuchen. Wir sprechen immer so bildlich vom „Herunterschlucken", wenn es darum geht, Gefühle zu verdrängen. Ich finde das Bild passend. Wenn du deine Trauer herunterschluckst, bleibt sie in dir. Immer wieder schluckst du sie herunter und das beklemmende Gefühl in dir wird immer größer, bis du kaum noch atmen kannst. Das ist nicht gesund und nicht heilungsfördernd. Du schadest dir selbst.

Tränen, die nicht geweint werden, verschwinden nicht einfach. Sie wollen raus und irgendwann finden sie ihren Weg. Also zögere es nicht unnötig heraus. Wann immer es geht, lass ihnen freien Lauf. Das erfordert nur etwas Übung und Mut.

Die Phasen der Trauer

Ich möchte mich in diesem Kapitel auf die vier Trauerphasen nach der Schweizer Psychologin Verena Kast beziehen. Wie lange der Trauerprozess insgesamt dauert und wie lange jede einzelne Phase dauert, variiert dabei ganz unterschiedlich von Person zu Person und hängt auch von den Umständen des Todes und der Beziehung zum Verstorbenen ab.
Wichtig finde ich außerdem, dass man sich diesen Prozess nicht so vorstellen darf, als würde man einmal alle Phasen stringent durchlaufen und hätte danach mit seiner Trauer abgeschlossen. Es ist eher so, dass man immer wieder zwischen den Phasen hin und her wechselt. Selbst viele Jahre nach dem Verlust, wenn man eigentlich das Gefühl hat, seine Trauer verarbeitet zu haben, kann es passieren, dass man sich auf einmal mitten in einer der Phasen wiederfindet.
Insofern finde ich es auch schwierig, dass Kast sagt, der Trauerprozess habe ein klares Ende. Trauer ist kein in sich abgeschlossener Prozess. Ich denke gerade bei sehr nahestehenden Personen begleitet uns die Trauer ein Leben lang. Sie ist zwar nicht permanent da, holt uns aber immer wieder ein. Trauer kommt und geht in Zyklen.

1. Phase „Nicht-Wahrhaben-Wollen"

Wir sind überwältigt von dem Verlust unseres geliebten Menschen und stehen unter Schock. Wir können seinen Tod noch nicht begreifen und streiten ihn ab, verleugnen ihn. „Nein, das ist nur ein böser Traum!"
Manche fühlen sich wie erstarrt und wirken empfindungslos, während andere regelrecht zusammenbrechen.

In dieser Phase herrschen Gefühle wie Verzweiflung, Hilf- und Ratlosigkeit vor. Mögliche körperliche Reaktionen sind unter anderem Schwitzen, erhöhter Pulsschlag, Übelkeit und Erbrechen.

2. Phase „Aufbrechende Emotionen"

Verschiedene Gefühle brechen nun über uns herein. Zorn, Wut, Schmerz, Traurigkeit, Verzweiflung, Angst, aber auch Freude. Welche Gefühle es sind und wie stark sie auftreten, hängt von der Persönlichkeit des Trauernden und der Beziehung zum Verstorbenen ab.

Häufig treten in dieser Phase Schlafstörungen auf.

Starke Schuldgefühle, wie sie häufig bei Hinterbliebenen nach einem Suizid auftreten, können bewirken, dass man auf dieser Stufe stehenbleibt. „Hätte ich es verhindern können?"

Gefühle wie Wut und Zorn können dem Trauernden dabei helfen, nicht in Depressionen zu versinken. Diese Wut richtet sich häufig gegen den Verstorbenen. „Warum hast du mir das angetan?" Sie kann aber auch gegen Gott und die Welt gerichtet sein. „Womit habe ich das verdient?"

Indem all diese Emotionen erlebt und zugelassen werden, helfen sie dem Trauernden, seinen Schmerz zu verarbeiten. Sie sollten auf keinen Fall unterdrückt werden!

Leider besteht in unserer Gesellschaft die Tendenz, Trauer ganz zu verdrängen. Dies macht es jedoch unmöglich, die zweite Trauerphase zu bewältigen und führt nicht selten zu Depressionen.

3. Phase „Suchen und Sich-Trennen"

In dieser Phase wird das, was wir verloren haben, bewusst oder unbewusst von uns „gesucht". Wir suchen den geliebten Menschen, den wir verloren haben: in seinem alten Zimmer, in Träumen

oder auf Fotos. Wir sehen ihn in den Gesichtern Unbekannter oder übernehmen Gewohnheiten von ihm. Wir suchen nach Spuren unseres gemeinsamen Lebens, gemeinsam besuchte Orte, gemeinsame Erinnerungen. Wir versuchen Teile unserer Beziehung zu retten und sammeln die Erinnerungen.
Ein inneres Zwiegespräch kann offene Punkte mit dem Verstorbenen klären. Diese sehr intensive Form der Auseinandersetzung kann sehr schön, aber auch äußerst schmerzhaft zugleich sein. Der Trauernde wird immer wieder mit der Realität konfrontiert und muss so lernen, dass sich die Verbindung zu dem geliebten Menschen drastisch verändert hat.
Im Verlauf dieses Suchens, Findens und Sich-wieder-Trennens kommt irgendwann der Punkt, an dem der Trauernde sich für das Weiterleben entscheiden muss, wenn er nicht in der Trauer verharren will.

4. Phase „Neuer Selbst- und Weltbezug"

Nun haben wir unseren Verlust weitestgehend akzeptiert. Unser geliebter Mensch bleibt ein Teil unseres Lebens und hat seinen Platz in unserer Seele gefunden.
Neue Beziehungen können möglich werden. Wir haben gelernt, dass jede Beziehung vergänglich ist, und erkannt, dass das Leben weitergeht und wir selbst dafür verantwortlich sind.
Wir können neue Beziehungen eingehen, in dem Wissen, dass es zwar schwer, aber möglich ist, Verluste zu ertragen und dass sie neues Leben mit sich bringen. Wir lernen, neue Pläne zu schmieden.
Unsere Einstellung zum Leben hat sich meist völlig verändert. Wir haben einen anderen Blick für das, was „wirklich wichtig" ist und setzen neue Prioritäten.

Der Suizid meiner Mutter ist jetzt, da ich dieses Buch schreibe, etwas länger als zweieinhalb Jahre her. Ich denke, dass ich alle Phasen, inklusive Phase vier, bereits einmal „erfolgreich" durchlaufen habe. Dennoch beschäftigen mich immer mal wieder die Themen aus den Phasen zwei, drei und vier. Das „Nicht-Wahrhaben-Wollen" aus Phase eins hat mich ungefähr ein Jahr lang begleitet, obwohl man eigentlich sagt, dass man die Phase nach einigen Tagen bis Wochen abschließt.
Wie du also siehst, ist es ganz normal, dass einen diese Themen immer wieder beschäftigen. Auch über weit mehr als zwei, drei Jahre hinweg. Das bedeutet nicht, dass man seine Trauer nicht richtig verarbeitet hat.

Ich habe auch Phasen, in denen ich mich wie abgeschnitten von meiner Trauer fühle. Als wäre sie gar kein Teil von mir, als hätte ich sie irgendwo isolieren können und sie käme nicht mehr an mich heran. Das fühlt sich merkwürdig an. Ich frage mich dann, ob ich meine Trauer jetzt abgeschlossen habe. Einfach geschlossen, wie ein Buch, das man beendet hat und dann weglegt. Oder ob ich kalt und herzlos und viel zu schnell über den Tod meiner Mutter hinweggekommen bin.
Ich weiß mittlerweile, dass nichts von beidem wahr ist. Ich leide nach wie vor immer wieder unter dem Suizid meiner Mutter. Er wird mich mein Leben lang begleiten. Die Trauer kommt auch jetzt noch manchmal in urplötzlichen Wellen. Aus dem Nichts bricht wieder alles um mich herum zusammen. Die Gefühle sind mit voller Wucht zurück, so, als wären sie nie weg gewesen. Die Intensität meiner Trauer hat bis heute nicht abgenommen und ich habe gelesen, dass das wohl auch so bleiben wird. Die Qualität des Schmerzes nach einem solchen Verlust bleibt für immer die glei-

che, nur die Quantität nimmt ab. Das mag sich schlimm anhören. Vielleicht hast du jetzt Angst, dass dich deine Trauer dein Leben lang verfolgen wird.
Ja und Nein. Ja, das wird sie. Aber: Du musst keine Angst davor haben. Ich persönlich genieße die Momente schon fast, in denen mich die Trauer wieder vollkommen erfüllt. Weil es mich daran erinnert, wie sehr ich meine Mama liebe und wie sehr sie mich liebt. Es lässt mich nicht vergessen und ich fühle mich irgendwie menschlicher, wenn ich spüre, dass der Schmerz auch heute noch der gleiche ist.
Ich habe diese Momente heute sehr gut im Griff. Sie erwischen mich zwar im ersten Moment mit voller Wucht, aber dann bekomme ich sie schnell wieder unter Kontrolle. Es haut mich nicht mehr völlig aus dem Leben, wenn mich meine Trauer packt. Ich brauche dann nur einen kurzen Moment für mich und anschließend geht es auch direkt wieder. Das sind meist nur wenige Minuten.

Wie eben schon erwähnt, fühlen sich die Phasen komplett ohne Trauer manchmal sehr befremdlich für mich an. Heute weiß ich, dass auch diese Gefühle ganz normal sind und dass es einfach ein anderer Abschnitt und eine andere Art der Trauer ist.
Mittlerweile kann ich diese Phasen auch genießen. Denn, und das ist jetzt der zweite wichtige Punkt, weshalb du keine Angst vor deiner Trauer und vor deiner Zukunft haben solltest: Die Fröhlichkeit kommt in dein Leben zurück. Du wirst lachen und Spaß haben und glücklich sein. Auch wenn du es dir jetzt gerade nicht vorstellen kannst.
Dass deine Trauer immer ein Teil von dir sein wird, heißt nicht, dass Fröhlichkeit nicht genauso ein Teil von dir sein kann. Trauer und Freude können Hand in Hand gehen. Wer intensiv trauern kann,

kann auch wieder intensiv Freude empfinden. Das Ziel ist ein befreites Ausschwingen, das beide Extreme zulässt. Wer nicht ausschwingt, verfällt in Lethargie. Er trauert nicht intensiv, kann aber auch nicht mehr intensiv glücklich sein. Ich möchte nicht, dass du in diesen Zustand gerätst. Ich möchte, dass du intensiv trauerst und irgendwann wieder genauso intensiv glücklich bist.
Im Moment nimmt wahrscheinlich noch deine Trauer den größten Part ein, aber das wird sich im Laufe der kommenden Monate und Jahre nach und nach verschieben und irgendwann, früher als du denkst, wird die Freude wieder überwiegen.

Kommunikation mit Trauernden

Dieses Kapitel wendet sich vorrangig an das Umfeld von Trauernden. Ich möchte dir dabei helfen, anderen näher zu bringen, wie sie am besten mit dir umgehen sollen. Dazu findest du am Ende des Kapitels einige Seiten zum Herausschneiden mit Verhaltenstipps, die du an die Menschen in deinem Umfeld verteilen kannst.
Oder du gibst ihnen die folgenden Zeilen zu lesen:

Als ersten und wichtigsten Rat möchte ich Ihnen Folgendes weitergeben: Der größte Fehler ist, sich nicht mehr bei dem Trauernden zu melden. Ich weiß, dass es schwer ist, Worte für jemanden zu finden, der gerade eine solche Situation durchmacht. Das fällt auch mir heute noch sehr schwer, und das obwohl ich selbst meine Mutter durch Suizid verloren habe. Da sollte ich doch eigentlich wissen, wie man sich fühlt oder...? Und da wären wir auch schon beim zweiten großen Fehler: „Ich weiß, wie du dich fühlst." Nein, wissen Sie nicht. Niemand kann wirklich wissen, wie sich ein anderer Mensch gerade fühlt. Also hören Sie bitte auf, diese Floskel zu benutzen. Denn mehr als eine Floskel ist es einfach nicht.
Trauer ist vielseitig, im ständigen Wandel und vor allem empfindet sie jeder anders. Unsere Reaktion auf den Verlust ist immer einzigartig. Selbst wenn man ähnliches erlebt hat, kann man nie genau wissen, wie ein anderer Mensch sich gerade fühlt. Man kann sich in einem Moment noch weitestgehend glücklich fühlen und im nächsten Moment hat einen die Trauer wieder unbarmherzig und unnachgiebig in seinen Klauen. Die einen versuchen ihre Trauer ihr Leben lang zu verdrängen und sie möglichst nie ans Tageslicht zu lassen, die anderen leben sie offen aus, zeigen ihre Gefühlswelt und stehen zu ihren Tränen. Und egal vor welchem Typ Mensch Sie

gerade stehen: Sie werden nie wissen, wie es wirklich in ihm aussieht. Hier greift eine andere Floskel: Du kannst einem Menschen nur vor den Kopf gucken, nicht hinein.

Jetzt habe ich Ihnen Ihr Leben schwerer gemacht oder? Sie sollen den Kontakt nicht abbrechen, aber bloß keine Floskeln verwenden. Wissen Sie jetzt nicht mehr, was Sie sagen sollen? Manchmal muss man auch gar nichts sagen. Oft reicht es schon, dass man da ist. Eine stille Umarmung und Nähe. Geben Sie dem Betroffenen die Sicherheit, dass er nicht alleine ist. Das ist oft wichtiger als alles, was man sagen könnte. Die Gewissheit, dass es Menschen gibt, die bei einem sind und die nicht vorhaben, einen zu verlassen.
Besonders nach dem Suizid eines Angehörigen fühlt man sich oft allein gelassen. Unser Angehöriger hat ja entschieden zu gehen, denken wir. Er hat uns zurück gelassen. Und wenn uns unsere Eltern, Geschwister, Partner oder Kinder alleine lassen können, dann kann uns das Gleiche doch mit jedem anderen Menschen passieren oder? Wir verlieren das Vertrauen in jeden und alles. Darum hilft es einem Betroffenen, wenn Sie ihm zeigen, dass er Ihnen vertrauen und sich auf Sie verlassen kann. Dass Sie da sind und ihn nicht alleine lassen werden.

Don'ts

Floskeln „Ich weiß, wie du dich fühlst"
Nein, wissen Sie nicht. Jeder Mensch geht einzigartig mit seiner Trauer um und jeder empfindet sie anders. Selbst wenn Sie selbst schon einen großen Verlust erlebt hast, können Sie nicht wissen, wie Ihr Gegenüber sich gerade fühlt.

Ratschläge geben „Du solltest jetzt das und das tun"
Bevormundet zu werden ist wirklich das Letzte, das ein Trauernder gebrauchen kann. Wie oben schon gesagt, weiß niemand 100%ig, wie ein anderer Mensch sich gerade fühlt. Was für Sie in der Situation das Richtige wäre, ist nicht unbedingt richtig für jemand anderes.

Religiös werden
Es gibt viele Weltanschauungen und nicht jeder teilt Ihre.

Gezwungenes Aufheitern
Ist oft gut gemeint, aber manchmal muss Trauer auch einfach raus. Dann versuchen Sie nicht zwanghaft, den anderen abzulenken oder zum Lachen zu bringen; geben Sie Ihrem Gegenüber lieber Raum für seine Trauer und sprechen Sie über den Verstorbenen und das gemeinsam Erlebte.
Zwanghaftes Aufheitern vermittelt dem Gegenüber schnell das Gefühl, dass seine Trauer falsch ist. Im schlimmsten Fall unterdrückt der andere seine Trauer daraufhin zunehmend, um niemandem zur Last zu fallen. Permanente Ablenkung fördert die Verdrängung des Geschehenen, was zu einer Verzögerung des Trauerprozesses führen kann. Geben Sie dem Trauernden lieber die Sicherheit, dass es

völlig okay ist, wenn er traurig ist und er sich nicht dafür schämen muss. Sie sind für ihn da.
Natürlich gibt es aber auch Momente, in denen Ablenkung und Zerstreuung dem anderen guttun. Hier ist ein gutes Bauchgefühl gefragt.

„Melde dich, wenn ich dir helfen kann."
Ist auch gut gemeint, aber in der Regel wird ein Trauernder nicht von sich aus auf Sie zukommen. Er befindet sich grad in einer eher passiven Phase, möchte vielleicht nicht mal vor die Tür gehen, wenn es sich vermeiden lässt. Jetzt sind Sie gefragt, aktiv zu werden und auf ihn zuzugehen.

Etwas bewerten, das in Zusammenhang mit dem Tod des Verstorbenen, der Trauerfeier etc. steht
„Die Ärzte haben einen Fehler gemacht." „Die Predigt wurde deiner Mutter nicht gerecht."
Selbst wenn es in Ihren Augen die Wahrheit ist, behalten Sie sie für sich. Gute Freundschaft bedeutet nicht, dass man in jeder Situation seine Meinung zum Besten gibt. Gute Freunde wissen, wann sie schweigen müssen. Und oben genannte Dinge sind Punkte, die einfach verschwiegen werden sollten.
Was auch immer Sie sagen wollen, Sie ändern nichts mehr an dem, was geschehen ist. Sie machen es für den Trauernden nur schwieriger, alles zu verarbeiten.

Den Trauernden kritisieren
Jeder braucht unterschiedlich lange, um seine Trauer zu bewältigen. Versuchen Sie keinen Druck aufzubauen und dem Trauernden nicht das Gefühl zu geben, dass er etwas falsch macht.

Seien Sie bitte nicht sauer, wenn er sich mal eine Zeit lang nicht meldet.
Was mir auch aufgefallen ist, ist, dass man als Trauernder oft Gedanken hat, die andere für falsch halten (und die vielleicht auch falsch sind), beispielsweise gibt man sich die Schuld am Tod des Trauernden. Natürlich juckt es Sie in den Fingern, dem Trauernden zu sagen, dass das Quatsch ist. Ihr Gegenüber ist aber noch gar nicht in der Lage, das zu verinnerlichen. Versuchen Sie statt einem „Das ist doch Quatsch, denk sowas nicht, niemand ist schuld," lieber mit dem Trauernden über seine Gefühle zu sprechen. Warum fühlt er sich so? Was geht ihm dabei durch den Kopf? Vielleicht schaffen Sie es ja, dass er von selbst darauf kommt, seine Meinung zu überdenken.

Generell sollten Sie sich mit Interpretationen oder wertenden Stellungnahmen zurückhalten.
Trauer ist schon schwer genug, sie zu bewältigen noch schwerer. Hat man dann einen Weg für sich gefunden, hilft es nicht, wenn dieser Weg von anderen kritisiert wird oder man sich dafür rechtfertigen muss, was man tut.
Im schlimmsten Fall zweifelt man so sehr, dass man von seinem Vorhaben ablässt. Und vielleicht bereut man es dann sein Leben lang.
Solange Sie keine Gefahr sehen, unterstützen Sie den Trauernden einfach in dem, was er tut. Jeder Mensch weiß selbst am besten, was gut für ihn ist und was er ertragen kann.

Dos

Einfach da sein

Trauernde sollten möglichst nicht alleine gelassen werden (es sei denn, sie möchten es). Ja, es ist schwierig, Worte für jemanden zu finden, der gerade eine so schwere Situation durchmacht. Aber alles ist besser, als den Kontakt abzubrechen. Der Trauernde wurde gerade erst verlassen, es wird noch schlimmer für ihn, wenn ihn jetzt auch noch seine Freunde verlassen. Man muss gar nicht immer die richtigen Worte finden. Oft reicht es, einfach da zu sein.

Unterstützen

Besonders am Anfang können selbst kleine Aufgaben, wie Einkaufen gehen, eine große Herausforderung für den Trauernden darstellen. Versuchen Sie ihn bei den Aufgaben zu unterstützen, mit denen der Trauernde selbst überfordert ist.
Berücksichtigen Sie seine Wünsche, wenn er z.B. alleine sein möchte. Nehmen Sie es nicht persönlich, wenn er sich vorübergehend zurückzieht. Geben Sie ihm genug Zeit, sich mit seiner Trauer auseinanderzusetzen und drängen Sie ihn nicht.

Nähe und Umarmungen spenden

Vermitteln Sie Wärme und Mitgefühl. Manchmal sagt eine Umarmung mehr als tausend Worte. Natürlich nur, wenn der Trauernde das möchte.

Zuhören

Wie gesagt, meist bedarf es gar nicht vieler Worte. Aufrichtiges, geduldiges Zuhören oder gemeinsames Schweigen können viel wertvoller sein.

Über den Verstorbenen sprechen

Versuchen Sie nicht das Thema zu umgehen, sprechen Sie ganz offen über das Geschehene und über den Verstorbenen. Teilen Sie Ihre eigenen Erinnerungen oder fragen Sie Ihr Gegenüber, woran er sich erinnert.

Vor allem: Wenn der Trauernde das Gespräch sucht, blocken Sie ihn nicht ab! Lassen Sie ihn reden, wenn er reden möchte, auch wenn Sie denken, es sei gerade nicht der richtige Ort oder Moment dafür.

Ernst nehmen

Versuchen Sie den Trauernden in allem, was er sagt und tut, ernst zu nehmen, auch wenn Sie es vielleicht nicht nachvollziehen können. Lassen Sie alle Gefühle und Gefühlsausbrüche des Trauernden zu: Alles darf sein! Gefühlsausbrüche können heilsam sein.

Wahrhaftigkeit

Sätze wie „Es tut mir leid" oder „Ich bin für dich da" können wirklich guttun. Vorausgesetzt, sie sind ehrlich gemeint und kommen von Herzen. Das sollten Sie sich bewusst machen. Bevor Sie leichtfertig sagen: „Ich bin immer für dich da", denken Sie an die Verpflichtung, die Sie damit eingehen und sprechen Sie es nur aus, wenn Sie bereit sind, diese Verpflichtung zu erfüllen. Ihr Gegenüber braucht keine Freunde, die leere Versprechungen machen und dann still und heimlich aus seinem Leben verschwinden.

Unternehmungen

Wenn der Trauernde dazu bereit ist, unternehmen Sie gemeinsam etwas. Helfen Sie dem Trauernden dabei, in den Alltag und in das Leben zurück zu finden.

So viel zu deinem Umfeld, jetzt zurück zu dir. Auch du selbst kannst an der Kommunikation arbeiten. Nimm Hilfe an, die man dir anbietet. Verschließe dich nicht. Sprich immer offen und ehrlich darüber, wie es dir geht und was dich beschäftigt. Du musst nicht darüber schweigen, um andere nicht zu belasten. Denk daran, was du gerade ertragen musst. Da wird dein Umfeld jawohl in der Lage sein, mit deiner Trauer zurechtzukommen.
Nimm es anderen nicht übel, wenn sie sich nicht bei dir melden. Deine Situation ist für die meisten Menschen sehr schwierig. Sie sind unsicher, wie sie mit dir umgehen sollen, trauen sich vielleicht nicht, sich zu erkundigen, wie es dir geht. Sie haben möglicherweise Angst, Wunden wieder aufzureißen oder wissen schlichtweg nicht, was sie sagen und wie sie dir helfen sollen. Die wenigsten Menschen melden sich nicht, weil du ihnen egal bist. Die meisten sind einfach überfordert und unsicher.
Versuche, ihnen nicht direkt Vorwürfe zu machen, sondern suche von dir aus den Kontakt. Bitte sie, dich zu besuchen oder etwas gemeinsam zu unternehmen. Frag sie, ob es ihnen schwerfällt, mit dir über den Suizid zu reden und nimm ihnen die Bedenken. Je offener du bist, umso offener wird auch dein Umfeld.
Wenn erst einmal einige Monate vergangen sind, denken die Ersten schnell, dass man sie jetzt nicht mehr braucht. Dass wir wieder voll im Leben stehen und alleine zurechtkommen. Wenn das nicht der Fall ist, teile ihnen das mit. Sprich darüber, dass es dir immer noch schlecht geht und du weiterhin ihre Hilfe benötigst. Gute Freunde werden weiterhin für dich da sein.

Zusammenfassung

- Du darfst und du sollst weiterleben! Nichts anderes hätte dein geliebter, verlorener Mensch gewollt.
- Egal, wie düster dein Leben gerade aussieht, irgendwann wird es dir wieder besser gehen.
- In der Entscheidung Leben oder Tod solltest du dich immer für das Leben entscheiden.
- Notfallkoffer für die ersten Tage: trinken, essen, schlafen, frische Luft, persönlicher Kontakt. Strukturiere deinen Tag.
- Fülle dein Leben mit Dingen und Personen, die dir guttun und entferne alles, was dir nicht guttut.
- Fange an, ein Traumtagebuch zu führen. Notiere morgens nach dem Aufstehen deine Träume darin.
- Beginne so früh wie möglich damit, zum Alltag zurück zu kehren und wieder zur Arbeit bzw. zur Schule oder zur Universität zu gehen. Alltag wird dir guttun. Mache dabei aber lieber kleine Schritte und versuche nicht, deine Trauer dadurch zu verdrängen.
- Integriere deinen geliebten, verlorenen Menschen in deinen Alltag.

- Vermeide große Veränderungen während des ersten Trauerjahres.

- Gehe offen mit deiner Trauer um, schluck deine Gefühle nicht herunter! Lass deinen Tränen freien Lauf.

- Die vier Phasen der Trauer:
  1.Nicht-Wahrhaben-Wollen
  2.Aufbrechende Emotionen
  3.Suchen und Sich-Trennen
  4.Neuer Selbst- und Weltbezug

- Eigene Gedanken: ....
  ....
  ....
  ....
  ....
  ....
  ....
  ....
  ....

Verhaltenstipps – Kommunikation mit Trauernden

Don'ts

Floskeln „Ich weiß, wie du dich fühlst". Nein, wissen Sie nicht. Jeder Mensch geht einzigartig mit seiner Trauer um und jeder empfindet sie anders.

Ratschläge geben „Du solltest jetzt das und das tun". Bevormundet zu werden, ist wirklich das Letzte, was ein Trauernder gebrauchen kann. Was für Sie in der Situation das Richtige wäre, ist nicht unbedingt richtig für jemand anderes.

Religiös werden. Es gibt viele Weltanschauungen und nicht jeder teilt Ihre.

Gezwungenes Aufheitern. Ist oft gut gemeint, aber manchmal muss Trauer auch einfach raus. Dann geben Sie Ihrem Gegenüber Raum für seine Trauer und sprechen Sie über den Verstorbenen. Natürlich gibt es aber auch Momente, in denen Ablenkung hilft. Hier ist ein gutes Bauchgefühl gefragt.

„Melde dich, wenn ich dir helfen kann." Ist auch gut gemeint, aber in der Regel wird ein Trauernder nicht von sich aus auf Sie zukommen. Er befindet sich grad in einer eher passiven Phase. Jetzt sind Sie gefragt, aktiv zu werden und auf ihn zuzugehen.

Etwas bewerten, das in Zusammenhang mit dem Tod des Verstorbenen steht. „Die Ärzte haben einen Fehler gemacht." „Die Predigt wurde deiner Mutter nicht gerecht." Selbst wenn es in Ihren Augen die Wahrheit ist, behalten Sie sie für sich. Was auch immer Sie sagen wollen, Sie ändern nichts mehr an dem, was geschehen ist. Sie machen es für den Trauernden nur schwieriger, alles zu verarbeiten.

Den Trauernden kritisieren. Jeder braucht unterschiedlich lange und nutzt andere Wege, um seine Trauer zu bewältigen. Hat man dann einen Weg für sich gefunden, hilft es nicht, wenn dieser Weg von anderen kritisiert wird oder man sich dafür rechtfertigen muss.
Generell sollten Sie keine Interpretationen oder wertende Stellungnahmen abgeben.

....

....

....

....

....

Verhaltenstipps – Kommunikation mit Trauernden

Dos

Einfach da sein. Trauernde nicht alleine lassen. Ja, es ist schwierig, Worte für jemanden zu finden, der gerade eine so schwere Situation durchmacht. Aber alles ist besser, als den Kontakt abzubrechen.

Unterstützen. Den Trauernden dort unterstützen, wo er überfordert ist und ihm genug Zeit für seine Trauerarbeit geben. Nicht drängen.

Nähe und Umarmungen spenden. Manchmal sagt eine Umarmung mehr als tausend Worte. Natürlich nur, wenn der Trauernde das möchte.

Zuhören. Meist bedarf es gar nicht vieler Worte. Ein aufrichtiges, geduldiges Zuhören oder gemeinsames Schweigen können viel wertvoller sein.

Über den Verstorbenen sprechen. Versuchen Sie nicht das Thema zu umgehen, sprechen Sie ganz offen über das Geschehene und über den Verstorbenen. Teilen Sie Ihre eigenen Erinnerungen oder fragen Sie Ihr Gegenüber, woran er sich erinnert. Keine Zensur.

Ernst nehmen. Versuchen Sie den Trauernden in allem, was er sagt und tut, ernst zu nehmen und lassen Sie alle seine Gefühle zu: Alles darf sein!

Wahrhaftigkeit. Sätze wie „Es tut mir leid" oder „Ich bin für dich da" können wirklich guttun. Vorausgesetzt, sie sind ehrlich gemeint und kommen von Herzen. Bevor Sie leichtfertig sagen: „Ich bin immer für dich da", denken Sie an die Verpflichtung, die Sie damit eingehen.

Unternehmungen. Wenn der Trauernde dazu bereit ist, unternehmen Sie gemeinsam etwas. Helfen Sie dem Trauernden dabei, in den Alltag und in das Leben zurück zu finden.

....

....

....

....

....

....

....

....

Verhaltenstipps – Kommunikation mit Trauernden

Don'ts

Floskeln „Ich weiß, wie du dich fühlst". Nein, wissen Sie nicht. Jeder Mensch geht einzigartig mit seiner Trauer um und jeder empfindet sie anders.

Ratschläge geben „Du solltest jetzt das und das tun". Bevormundet zu werden, ist wirklich das Letzte, was ein Trauernder gebrauchen kann. Was für Sie in der Situation das Richtige wäre, ist nicht unbedingt richtig für jemand anderes.

Religiös werden. Es gibt viele Weltanschauungen und nicht jeder teilt Ihre.

Gezwungenes Aufheitern. Ist oft gut gemeint, aber manchmal muss Trauer auch einfach raus. Dann geben Sie Ihrem Gegenüber Raum für seine Trauer und sprechen Sie über den Verstorbenen. Natürlich gibt es aber auch Momente, in denen Ablenkung hilft. Hier ist ein gutes Bauchgefühl gefragt.

„Melde dich, wenn ich dir helfen kann." Ist auch gut gemeint, aber in der Regel wird ein Trauernder nicht von sich aus auf Sie zukommen. Er befindet sich grad in einer eher passiven Phase. Jetzt sind Sie gefragt, aktiv zu werden und auf ihn zuzugehen.

Etwas bewerten, das in Zusammenhang mit dem Tod des Verstorbenen steht. „Die Ärzte haben einen Fehler gemacht." „Die Predigt wurde deiner Mutter nicht gerecht." Selbst wenn es in Ihren Augen die Wahrheit ist, behalten Sie sie für sich. Was auch immer Sie sagen wollen, Sie ändern nichts mehr an dem, was geschehen ist. Sie machen es für den Trauernden nur schwieriger, alles zu verarbeiten.

Den Trauernden kritisieren. Jeder braucht unterschiedlich lange und nutzt andere Wege, um seine Trauer zu bewältigen. Hat man dann einen Weg für sich gefunden, hilft es nicht, wenn dieser Weg von anderen kritisiert wird oder man sich dafür rechtfertigen muss. Generell sollten Sie keine Interpretationen oder wertende Stellungnahmen abgeben.

....

....

....

....

....

Verhaltenstipps – Kommunikation mit Trauernden

Dos

Einfach da sein. Trauernde nicht alleine lassen. Ja, es ist schwierig, Worte für jemanden zu finden, der gerade eine so schwere Situation durchmacht. Aber alles ist besser, als den Kontakt abzubrechen.

Unterstützen. Den Trauernden dort unterstützen, wo er überfordert ist und ihm genug Zeit für seine Trauerarbeit geben. Nicht drängen.

Nähe und Umarmungen spenden. Manchmal sagt eine Umarmung mehr als tausend Worte. Natürlich nur, wenn der Trauernde das möchte.

Zuhören. Meist bedarf es gar nicht vieler Worte. Ein aufrichtiges, geduldiges Zuhören oder gemeinsames Schweigen können viel wertvoller sein.

Über den Verstorbenen sprechen. Versuchen Sie nicht das Thema zu umgehen, sprechen Sie ganz offen über das Geschehene und über den Verstorbenen. Teilen Sie Ihre eigenen Erinnerungen oder fragen Sie Ihr Gegenüber, woran er sich erinnert. Keine Zensur.

Ernst nehmen. Versuchen Sie den Trauernden in allem, was er sagt und tut, ernst zu nehmen und lassen Sie alle seine Gefühle zu: Alles darf sein!

Wahrhaftigkeit. Sätze wie „Es tut mir leid" oder „Ich bin für dich da" können wirklich guttun. Vorausgesetzt, sie sind ehrlich gemeint und kommen von Herzen. Bevor Sie leichtfertig sagen: „Ich bin immer für dich da", denken Sie an die Verpflichtung, die Sie damit eingehen.

Unternehmungen. Wenn der Trauernde dazu bereit ist, unternehmen Sie gemeinsam etwas. Helfen Sie dem Trauernden dabei, in den Alltag und in das Leben zurück zu finden.

....

....

....

....

....

....

....

....

Verhaltenstipps – Kommunikation mit Trauernden

Don'ts

Floskeln „Ich weiß, wie du dich fühlst". Nein, wissen Sie nicht. Jeder Mensch geht einzigartig mit seiner Trauer um und jeder empfindet sie anders.

Ratschläge geben „Du solltest jetzt das und das tun". Bevormundet zu werden, ist wirklich das Letzte, was ein Trauernder gebrauchen kann. Was für Sie in der Situation das Richtige wäre, ist nicht unbedingt richtig für jemand anderes.

Religiös werden. Es gibt viele Weltanschauungen und nicht jeder teilt Ihre.

Gezwungenes Aufheitern. Ist oft gut gemeint, aber manchmal muss Trauer auch einfach raus. Dann geben Sie Ihrem Gegenüber Raum für seine Trauer und sprechen Sie über den Verstorbenen. Natürlich gibt es aber auch Momente, in denen Ablenkung hilft. Hier ist ein gutes Bauchgefühl gefragt.

„Melde dich, wenn ich dir helfen kann." Ist auch gut gemeint, aber in der Regel wird ein Trauernder nicht von sich aus auf Sie zukommen. Er befindet sich grad in einer eher passiven Phase. Jetzt sind Sie gefragt, aktiv zu werden und auf ihn zuzugehen.

Etwas bewerten, das in Zusammenhang mit dem Tod des Verstorbenen steht. „Die Ärzte haben einen Fehler gemacht." „Die Predigt wurde deiner Mutter nicht gerecht." Selbst wenn es in Ihren Augen die Wahrheit ist, behalten Sie sie für sich. Was auch immer Sie sagen wollen, Sie ändern nichts mehr an dem, was geschehen ist. Sie machen es für den Trauernden nur schwieriger, alles zu verarbeiten.

Den Trauernden kritisieren. Jeder braucht unterschiedlich lange und nutzt andere Wege, um seine Trauer zu bewältigen. Hat man dann einen Weg für sich gefunden, hilft es nicht, wenn dieser Weg von anderen kritisiert wird oder man sich dafür rechtfertigen muss.
Generell sollten Sie keine Interpretationen oder wertende Stellungnahmen abgeben.

....

....

....

....

....

Verhaltenstipps – Kommunikation mit Trauernden

Dos

Einfach da sein. Trauernde nicht alleine lassen. Ja, es ist schwierig, Worte für jemanden zu finden, der gerade eine so schwere Situation durchmacht. Aber alles ist besser, als den Kontakt abzubrechen.

Unterstützen. Den Trauernden dort unterstützen, wo er überfordert ist und ihm genug Zeit für seine Trauerarbeit geben. Nicht drängen.

Nähe und Umarmungen spenden. Manchmal sagt eine Umarmung mehr als tausend Worte. Natürlich nur, wenn der Trauernde das möchte.

Zuhören. Meist bedarf es gar nicht vieler Worte. Ein aufrichtiges, geduldiges Zuhören oder gemeinsames Schweigen können viel wertvoller sein.

Über den Verstorbenen sprechen. Versuchen Sie nicht das Thema zu umgehen, sprechen Sie ganz offen über das Geschehene und über den Verstorbenen. Teilen Sie Ihre eigenen Erinnerungen oder fragen Sie Ihr Gegenüber, woran er sich erinnert. Keine Zensur.

Ernst nehmen. Versuchen Sie den Trauernden in allem, was er sagt und tut, ernst zu nehmen und lassen Sie alle seine Gefühle zu: Alles darf sein!

Wahrhaftigkeit. Sätze wie „Es tut mir leid" oder „Ich bin für dich da" können wirklich guttun. Vorausgesetzt, sie sind ehrlich gemeint und kommen von Herzen. Bevor Sie leichtfertig sagen: „Ich bin immer für dich da", denken Sie an die Verpflichtung, die Sie damit eingehen.

Unternehmungen. Wenn der Trauernde dazu bereit ist, unternehmen Sie gemeinsam etwas. Helfen Sie dem Trauernden dabei, in den Alltag und in das Leben zurück zu finden.

....

....

....

....

....

....

....

....

Verhaltenstipps – Kommunikation mit Trauernden

Don'ts

Floskeln „Ich weiß, wie du dich fühlst". Nein, wissen Sie nicht. Jeder Mensch geht einzigartig mit seiner Trauer um und jeder empfindet sie anders.

Ratschläge geben „Du solltest jetzt das und das tun". Bevormundet zu werden, ist wirklich das Letzte, was ein Trauernder gebrauchen kann. Was für Sie in der Situation das Richtige wäre, ist nicht unbedingt richtig für jemand anderes.

Religiös werden. Es gibt viele Weltanschauungen und nicht jeder teilt Ihre.

Gezwungenes Aufheitern. Ist oft gut gemeint, aber manchmal muss Trauer auch einfach raus. Dann geben Sie Ihrem Gegenüber Raum für seine Trauer und sprechen Sie über den Verstorbenen. Natürlich gibt es aber auch Momente, in denen Ablenkung hilft. Hier ist ein gutes Bauchgefühl gefragt.

„Melde dich, wenn ich dir helfen kann." Ist auch gut gemeint, aber in der Regel wird ein Trauernder nicht von sich aus auf Sie zukommen. Er befindet sich grad in einer eher passiven Phase. Jetzt sind Sie gefragt, aktiv zu werden und auf ihn zuzugehen.

Etwas bewerten, das in Zusammenhang mit dem Tod des Verstorbenen steht. „Die Ärzte haben einen Fehler gemacht." „Die Predigt wurde deiner Mutter nicht gerecht." Selbst wenn es in Ihren Augen die Wahrheit ist, behalten Sie sie für sich. Was auch immer Sie sagen wollen, Sie ändern nichts mehr an dem, was geschehen ist. Sie machen es für den Trauernden nur schwieriger, alles zu verarbeiten.

Den Trauernden kritisieren. Jeder braucht unterschiedlich lange und nutzt andere Wege, um seine Trauer zu bewältigen. Hat man dann einen Weg für sich gefunden, hilft es nicht, wenn dieser Weg von anderen kritisiert wird oder man sich dafür rechtfertigen muss. Generell sollten Sie keine Interpretationen oder wertende Stellungnahmen abgeben.

....

....

....

....

....

Verhaltenstipps – Kommunikation mit Trauernden

Dos

Einfach da sein. Trauernde nicht alleine lassen. Ja, es ist schwierig, Worte für jemanden zu finden, der gerade eine so schwere Situation durchmacht. Aber alles ist besser, als den Kontakt abzubrechen.

Unterstützen. Den Trauernden dort unterstützen, wo er überfordert ist und ihm genug Zeit für seine Trauerarbeit geben. Nicht drängen.

Nähe und Umarmungen spenden. Manchmal sagt eine Umarmung mehr als tausend Worte. Natürlich nur, wenn der Trauernde das möchte.

Zuhören. Meist bedarf es gar nicht vieler Worte. Ein aufrichtiges, geduldiges Zuhören oder gemeinsames Schweigen können viel wertvoller sein.

Über den Verstorbenen sprechen. Versuchen Sie nicht das Thema zu umgehen, sprechen Sie ganz offen über das Geschehene und über den Verstorbenen. Teilen Sie Ihre eigenen Erinnerungen oder fragen Sie Ihr Gegenüber, woran er sich erinnert. Keine Zensur.

Ernst nehmen. Versuchen Sie den Trauernden in allem, was er sagt und tut, ernst zu nehmen und lassen Sie alle seine Gefühle zu: Alles darf sein!

Wahrhaftigkeit. Sätze wie „Es tut mir leid" oder „Ich bin für dich da" können wirklich guttun. Vorausgesetzt, sie sind ehrlich gemeint und kommen von Herzen. Bevor Sie leichtfertig sagen: „Ich bin immer für dich da", denken Sie an die Verpflichtung, die Sie damit eingehen.

Unternehmungen. Wenn der Trauernde dazu bereit ist, unternehmen Sie gemeinsam etwas. Helfen Sie dem Trauernden dabei, in den Alltag und in das Leben zurück zu finden.

....

....

....

....

....

....

....

....

Verhaltenstipps – Kommunikation mit Trauernden

Don'ts

Floskeln „Ich weiß, wie du dich fühlst". Nein, wissen Sie nicht. Jeder Mensch geht einzigartig mit seiner Trauer um und jeder empfindet sie anders.

Ratschläge geben „Du solltest jetzt das und das tun". Bevormundet zu werden, ist wirklich das Letzte, was ein Trauernder gebrauchen kann. Was für Sie in der Situation das Richtige wäre, ist nicht unbedingt richtig für jemand anderes.

Religiös werden. Es gibt viele Weltanschauungen und nicht jeder teilt Ihre.

Gezwungenes Aufheitern. Ist oft gut gemeint, aber manchmal muss Trauer auch einfach raus. Dann geben Sie Ihrem Gegenüber Raum für seine Trauer und sprechen Sie über den Verstorbenen. Natürlich gibt es aber auch Momente, in denen Ablenkung hilft. Hier ist ein gutes Bauchgefühl gefragt.

„Melde dich, wenn ich dir helfen kann." Ist auch gut gemeint, aber in der Regel wird ein Trauernder nicht von sich aus auf Sie zukommen. Er befindet sich grad in einer eher passiven Phase. Jetzt sind Sie gefragt, aktiv zu werden und auf ihn zuzugehen.

Etwas bewerten, das in Zusammenhang mit dem Tod des Verstorbenen steht. „Die Ärzte haben einen Fehler gemacht." „Die Predigt wurde deiner Mutter nicht gerecht." Selbst wenn es in Ihren Augen die Wahrheit ist, behalten Sie sie für sich. Was auch immer Sie sagen wollen, Sie ändern nichts mehr an dem, was geschehen ist. Sie machen es für den Trauernden nur schwieriger, alles zu verarbeiten.

Den Trauernden kritisieren. Jeder braucht unterschiedlich lange und nutzt andere Wege, um seine Trauer zu bewältigen. Hat man dann einen Weg für sich gefunden, hilft es nicht, wenn dieser Weg von anderen kritisiert wird oder man sich dafür rechtfertigen muss. Generell sollten Sie keine Interpretationen oder wertende Stellungnahmen abgeben.

....

....

....

....

....

Verhaltenstipps – Kommunikation mit Trauernden

Dos

Einfach da sein. Trauernde nicht alleine lassen. Ja, es ist schwierig, Worte für jemanden zu finden, der gerade eine so schwere Situation durchmacht. Aber alles ist besser, als den Kontakt abzubrechen.

Unterstützen. Den Trauernden dort unterstützen, wo er überfordert ist und ihm genug Zeit für seine Trauerarbeit geben. Nicht drängen.

Nähe und Umarmungen spenden. Manchmal sagt eine Umarmung mehr als tausend Worte. Natürlich nur, wenn der Trauernde das möchte.

Zuhören. Meist bedarf es gar nicht vieler Worte. Ein aufrichtiges, geduldiges Zuhören oder gemeinsames Schweigen können viel wertvoller sein.

Über den Verstorbenen sprechen. Versuchen Sie nicht das Thema zu umgehen, sprechen Sie ganz offen über das Geschehene und über den Verstorbenen. Teilen Sie Ihre eigenen Erinnerungen oder fragen Sie Ihr Gegenüber, woran er sich erinnert. Keine Zensur.

Ernst nehmen. Versuchen Sie den Trauernden in allem, was er sagt und tut, ernst zu nehmen und lassen Sie alle seine Gefühle zu: Alles darf sein!

Wahrhaftigkeit. Sätze wie „Es tut mir leid" oder „Ich bin für dich da" können wirklich guttun. Vorausgesetzt, sie sind ehrlich gemeint und kommen von Herzen. Bevor Sie leichtfertig sagen: „Ich bin immer für dich da", denken Sie an die Verpflichtung, die Sie damit eingehen.

Unternehmungen. Wenn der Trauernde dazu bereit ist, unternehmen Sie gemeinsam etwas. Helfen Sie dem Trauernden dabei, in den Alltag und in das Leben zurück zu finden.

....

....

....

....

....

....

....

....

4 Meine Beziehung zum Verstorbenen

In diesem Kapitel geht es speziell um die Beziehung, die du zu dem Verstorbenen hattest.
Wer war er oder sie? Wie standet ihr zueinander? Was bedeutete dir der Mensch? Habt ihr viel Zeit miteinander verbracht? Hat er dir vielleicht bisher immer wichtige Ratschläge gegeben?
Es gibt Personen in unserem Leben, die uns ganz besonders prägen und ihr Verlust prägt uns ebenfalls sehr. Dabei kann auch die Suizidmethode eine Rolle spielen. Wie hat sich die Beziehung durch den Suizid verändert?

Wer war mein geliebter Mensch?

Wenn du dir dieses Buch gekauft hast, hattest du vermutlich eine enge Beziehung zu dem Verstorbenen. Möglicherweise handelt es sich, wie bei mir, um ein Elternteil, oder um dein Kind, deinen Partner, deine Schwester oder deinen Bruder oder um ein anderes Familienmitglied. Vielleicht auch um eine gute Freundin, einen guten Freund, eine Arbeitskollegin oder einen Kollegen.
Möglicherweise hast du dir das Buch auch gekauft, weil du einen Betroffenen kennst, für den du besser da sein möchtest.

Wer war der Verstorbene?
In jedem Fall war er oder sie jemand ganz Besonders für uns. Darum leiden wir nun so. Egal ob Elternteil, Bruder oder Freundin, wir hatten eine enge Verbindung und wir vermissen den anderen schrecklich. Der Platz, den er in unserem Leben einnahm, ist leer. Er hat eine gewaltige Lücke hinterlassen.
Oftmals nahm der Verstorbene auch mehr als nur eine Rolle in unserem Leben ein. Der Partner, der auch unser bester Freund war oder unsere Freundin, die wie eine Schwester für uns war.

Meine Mutter war zugleich meine beste Freundin.
So viele meiner engsten Freundschaften waren zerbrochen, dass ich diesen Schachzug für besonders klug hielt. Meine Mutter war schon immer meine engste Vertraute und mein wichtigster Anker. Sie auch als meine beste Freundin zu betrachten, fühlte sich sicher an. Mit Eltern kann man sich natürlich auch zerstreiten, aber das Band, das Eltern und Kinder verbindet, ist beinahe unzerstörbar. Eine Mutter als beste Freundin bedeutete für mich eine Freundin, die ich nie verlieren würde. So kann man sich irren.

Mit meiner Mutter bin ich shoppen und feiern gegangen, wir hatten ähnliche Lieblingsserien und mochten das gleiche Essen. Wir waren beide kreativ und mochten es, anderen eine Freude zu machen. Wir fuhren gerne zusammen in den Urlaub. Wir verbrachten einfach gerne unsere Zeit miteinander. Wenn ich traurig war, konnte mich schon allein ihre Anwesenheit trösten, und als sie so unendlich traurig wurde, brauchte sie meine Anwesenheit.
Vor der Depression war sie witzig und immer zu irgendwelchen Albernheiten aufgelegt. Wer sonst würde sich beim Latein-Lernen Strafen ausdenken, wie für jede falsche Vokabel einen Löffel Margarine essen zu müssen? Oder ins Zimmer der Tochter laufen, nach Schokolade fragen und androhen, auf das Kopfkissen zu pupsen, wenn man ihr keine Schokolade gab? Mama hatte ständig allerhand Quatsch im Kopf, den sie mit uns teilte. Langweilig wurde es mit ihr nie.
Sie mochte Tiere, besonders Hunde, und unternahm viel mit Freunden. Sie ging gerne feiern und las abends oft Bücher. Sie konnte sehr gut zeichnen und malen und schrieb für Geburtstage kreative Texte, die sie dann vortrug. Manchmal in Verkleidung.
Ich könnte diese Liste endlos weiterführen. Sie war ein so besonderer Mensch, eine besondere Freundin, eine besondere Mutter und eine besondere Frau. Ich kenne niemanden wie sie. Dafür erinnere ich andere oft an sie, besonders die Art wie ich spreche. Das macht mich sehr glücklich. Mein Vater sagt oft zu mir: „Das war gerade eins zu eins deine Mama."

Ich weiß, dass auch du jemanden verloren hast, der eine oder vielleicht sogar mehrere wichtige Rollen in deinem Leben hatte. Manche Rollen können wir neu besetzen, andere nicht. Aber selbst mit einer Neubesetzung wird es nie wieder wie früher werden.

Ich habe hier ein paar Zeilen für dich vorbereitet, in denen du festhalten kannst, wer die verstorbene Person für dich war und was sie so besonders gemacht hat.

Wenn du möchtest,
kannst du hier ein Foto
deines Angehörigen
einkleben.

Mein geliebter Mensch

Name / Kosename ....
Rolle / Beziehung ....
....
Wir kennen uns seit ....
Das ist so besonders an ihr / ihm ....
....
....
....
....
Hobbys ....
....
....
Lieblingsessen..
Lieblingsfilm ....
Lieblingsbuch ....
Lieblingslied ....
Unser schönstes gemeinsames Erlebnis ....
....
....
....
....
....
....
Das würde sie / er für mich in dieses Buch schreiben ....
....
....
....
....

Die Suizidmethode

Meine Mutter hat sich das Leben mit Holzkohle genommen. Kohlenmonoxidvergiftung. Bei einer unvollständigen Verbrennung von Holzkohle entsteht Kohlenmonoxid, welches sich an das Hämoglobin im Blut bindet. Hämoglobin ist für den Transport von Sauerstoff zuständig. Wird es nun durch das Kohlenmonoxid blockiert, kann der Sauerstoff nicht mehr andocken. Man erstickt innerlich.

Richtig angewendet, ist diese Methode – im Gegensatz zu vielen anderen – sicher und schmerzlos. Darum bin ich mir auch sicher, dass meine Mutter keine andere Suizidmethode gewählt hätte. Sie hatte im Internet ausschließlich nach „Suizid durch Kohlenmonoxidvergiftung" gesucht und sich eine schrittgenaue Anleitung ausdruckt, die sie Punkt für Punkt befolgte.

Diese Suizidmethode stellt jedoch eine große Gefahr für denjenigen dar, der die Person findet. Meine Mutter hatte den Feuerkorb mit der Holzkohle im Badezimmer aufgestellt, Fenster und Türen von innen abgeklebt und die Jalousien heruntergelassen. Im restliche Haus hatte sie alle Fenster geöffnet und einen Warnhinweis an der Haustür angebracht. So stand es in ihrer Anleitung.

Dennoch bestand eine sehr große Gefahr für jeden, der das Badezimmer öffnen würde. Mein Stiefvater hat zum Glück instinktiv gehandelt und beim Betreten des Zimmers als erstes die Jalousien hochgezogen und das Fenster sperrangelweit geöffnet. Hätte er dies nicht getan, hätte er den Tag auch nicht überlebt.

Ich denke, wenn ich meine Mutter gefunden hätte, hätte ich nicht daran gedacht, das Fenster zu öffnen…

Einerseits kann ich es nachvollziehen, dass meine Mutter diese Methode gewählt hat. Ist die Konzentration des Kohlenmonoxids in der Luft hoch genug, ist man bereits nach wenigen Atemzügen bewusstlos und innerhalb von Minuten tot. Selbst wenn man direkt gefunden wird, besteht kaum eine Chance zur Rettung. Aus ihrer Sicht muss es die beste Methode gewesen sein.
Ich finde es aber unverantwortlich von ihr, uns Hinterbliebene in eine solche Gefahr zu bringen, besonders meinen Stiefvater. Sie nahm sich das Leben in seinem Haus, indem beide zusammen lebten. Sie musste also damit rechnen, dass er sie finden würde.
Auch ich hatte einen Schlüssel zu dem Haus. Ich habe mich immer wieder gefragt, wie wir ihr so egal sein konnten.
Zudem beschäftigt mich die Tatsache, dass sie die Holzkohle für ihren Suizid am Abend zuvor mit mir zusammen eingekauft hat. Hätte ihr nicht klar sein müssen, was für Vorwürfe ich mir deswegen machen würde? Musste sie mich da mit reinziehen?
Durch einen Suizid stellt man die Beziehung zu dem Verstorbenen in Frage, mehr darüber kannst du in Kapitel 5 lesen. Durch die Wahl der Methode meiner Mutter wurde dies noch einmal verstärkt. Waren wir ihr so egal, dass sie unser Leben derart aufs Spiel setzte? Hätte es keine Möglichkeit gegeben, uns besser zu schützen?

Mittlerweile habe ich mich weitestgehend damit ausgesöhnt. Ich weiß, dass sie nicht anders konnte, als so zu handeln. Dass sie in einem Tunnel war und uns nicht sehen konnte. Aus ihrer Sicht hatte sie vermutlich durch das Öffnen der Fenster und das Anbringen des Warnhinweises genug getan, um unsere Sicherheit zu gewährleisten. So stand es ja schließlich in der Anleitung und ich denke nicht, dass sie in dem Moment in der Lage war, darüber hinaus zu denken. Aber ganz los lässt mich das Thema noch nicht.

Wie ist das bei dir? Welche Methode hat dein Angehöriger gewählt und wie beeinflusst das dein Bild von ihm? Kritisierst du etwas Bestimmtes an seinem Verhalten? Welche Rolle spielt dabei der Ort des Suizids? Oder ist die Methode für dich gar nicht entscheidend? Vielleicht hat sie dich bisher nur unterbewusst beeinflusst und du hast das gar nicht wahrgenommen. Wenn du möchtest, denk auf der nächsten Seite darüber nach.

Die Suizidmethode meines geliebten Menschen

Methode ....

....

Ort ....

....

Kritik ....

....

....

....

Meine Gedanken dazu ....

....

....

....

....

....

....

....

....

....

....

....

....

....

....

....

....

....

....

....

Wie war unsere Beziehung?

Die Beziehung zwischen Mutter und Tochter ist eine der innigsten, vertrautesten und längsten, die es gibt. Besonders für die Tochter ist sie prägend. Wir haben das Gefühl, als würde unsere Mutter immer an unserer Seite sein, als sei sie unsterblich. Der Tag, an dem wir lernen müssen, dass dem nicht so ist, trifft uns hart und unvorbereitet.
Der Tod unserer Mutter wirkt sich dauerhaft auf unser gesamtes Leben aus. Auf unser Verhalten und auf unsere Beziehungen zu anderen Menschen. Ich habe das besonders daran gemerkt, dass ich anderen Menschen nicht mehr vertrauen wollte. Ich dachte, alleine sei ich von nun an besser dran, damit mich bloß nie wieder jemand enttäuschen und alleine lassen könnte.
Meine Mutter zu verlieren war immer meine größte Angst, mein persönlicher GAU. Etwas Schlimmeres konnte ich mir nicht ausmalen. Beim Gedanken daran war ich mir sicher zu zerbrechen. „Das würde ich nicht überleben", war meine Schlussfolgerung.
Glücklicherweise lag ich zumindest in diesem Punkt falsch. Ich habe überlebt. Der Rest trifft leider zu. Der Tod meiner Mutter war das schlimmste und einschneidenste Erlebnis in meinem Leben.
Ich vertraute niemandem mehr als ihr. Niemand wusste mehr über mich als sie. Sie war meine Mutter, meine beste Freundin und mein Halt. Ging es ihr schlecht, ging es auch mir schlecht. Wenn eine die andere brauchte, waren wir da. Nachdem ich weggezogen war, schrieben oder telefonierten wir jeden Tag, um uns über die Arbeit auszukotzen und gegenseitig aufzuheitern. Wenn ich zuhause zu Besuch war, gingen wir oft und gerne spazieren. Am liebsten zusammen mit dem Hund meiner Tante.

Weil ich nach meinem Umzug und in meiner Ausbildung nicht glücklich war, kam ich oft nach Hause, um Energie zu tanken. Richtig unbeschwert fühlte ich mich nur in der Nähe meiner Mutter.
Mit ihrem Suizid verlor ich meine wichtigste Quelle für Sicherheit, Glück, Heiterkeit, Vertrauen, Unbeschwertheit und Halt.

Wie ist es bei dir? Wie war eure Beziehung? Was hat dir die Beziehung gegeben und was hast du in sie investiert?
Wo kannst du neue Quellen für das finden, was dir momentan fehlt? Blättere dazu einmal um und wirf einen Blick auf die nächste Seite. Versuche neue Quellen zu finden (z.B. andere Personen) und trage sie auf der Seite ein.

Die Gefühle, die dir die Beziehung zu dem Verstorbenen gegeben hat, werden dir irgendwann andere Menschen geben. Ein neuer Partner, Familie oder Freunde zum Beispiel. Man muss nur dafür offenbleiben, diese Gefühle irgendwann wieder empfinden zu können. Andere Beziehungen, egal ob bestehende oder neue, werden natürlich niemals die Beziehung ersetzen, die wir zu unserem geliebten Menschen hatten. Das sollen sie auch gar nicht. Aber sie werden die Lücken wieder ein Stück weit schließen, die der Verlust bei uns hinterlassen hat.
Heute kann ich sagen, dass ich wieder Sicherheit, Glück, Heiterkeit, Vertrauen, Unbeschwertheit und Halt in meinem Leben habe. Anders als früher, nicht in der gleichen Qualität und immer noch verbunden mit der Angst, all das wieder verlieren zu können. Aber es geht mir wieder gut.

Meine neuen Quellen

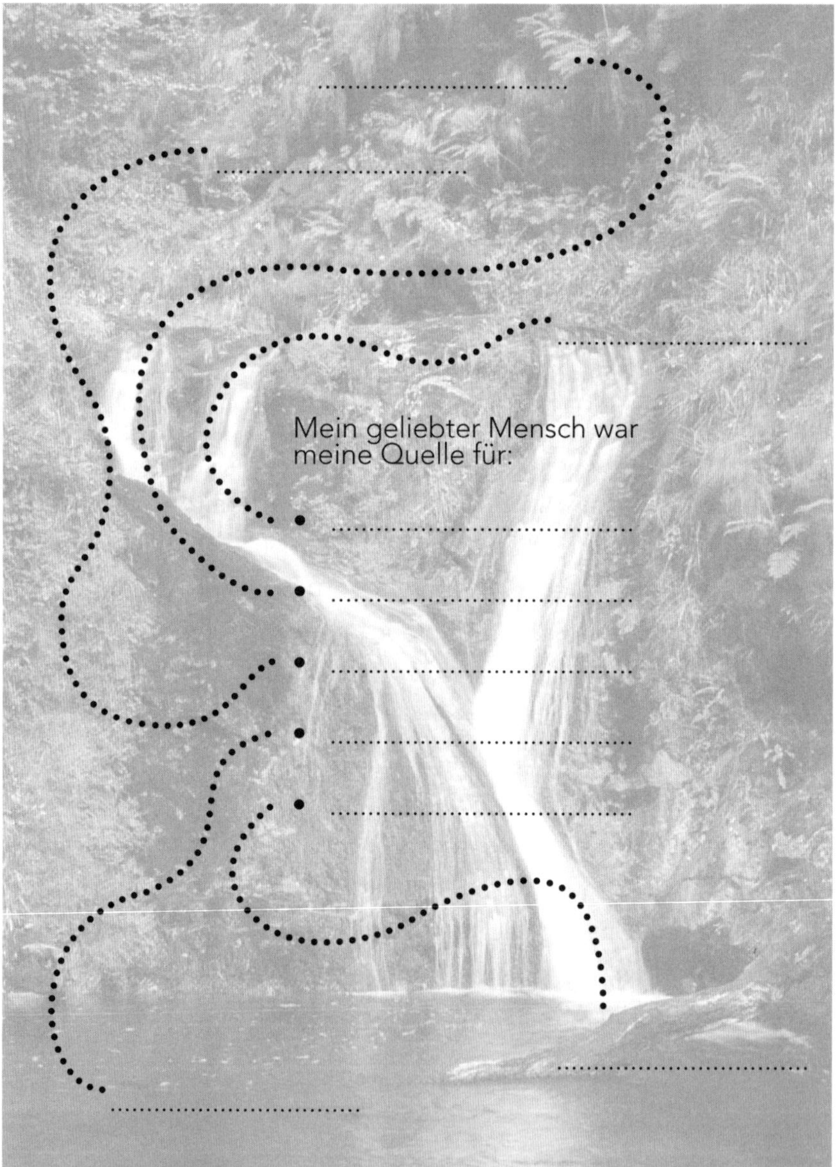

Ich brauche deinen Rat

Personen, die uns nahestehen, sind meistens auch wichtige Ratgeber für uns.
Meine Mutter stand mir immer mit Rat und Tat zur Seite. Egal, worum es ging: Streit mit Freunden, Liebeskummer, Angst vor dem Umzug in die neue Stadt, Probleme im Studium oder in der Ausbildung. Sie war immer mein erster Ansprechpartner und ihren Rat befolgte ich in der Regel auch. Andersrum fragte sie mich ebenfalls immer öfter um Rat.
Vielleicht hast auch du den Rat deines Kindes wertgeschätzt, das du jetzt nicht mehr fragen kannst. Die weisen Worte deines Partners, der nun nicht mehr an deiner Seite ist. Oder den Tipp deiner großen Schwester, die dich ratlos zurücklässt.
Die Gespräche mit ihnen werden uns immer wieder fehlen und das merken wir natürlich besonders in schwierigen Situationen. Je weniger wir uns selbst helfen können, umso mehr wünschten wir uns, sie wären wieder da, um uns den Weg zu zeigen.
Wir können andere Menschen um Rat fragen. Wehren wir uns anfangs noch heftig dagegen, Probleme, mit denen wir immer zum Verstorbenen gegangen sind, nun mit anderen zu diskutieren, stellen wir irgendwann fest, dass uns gar nichts anderes übrig bleibt. Vermutlich lernen wir sogar, dass es gar nicht so schlecht ist, auch mal andere Personen um Rat zu fragen und diese durchaus gute Tipps parat haben. Wir werden den Rat anderer Menschen mehr zu schätzen lernen.
Trotzdem fehlt uns manchmal einfach die Meinung des Verstorbenen. In solchen Fällen habe ich mir angewöhnt, mich zu fragen: „Was würde Mama jetzt zu mir sagen?"

Die Person, die du verloren hast, stand dir vermutlich sehr nahe und du kanntest sie gut. In vielen Situationen kanntest du ihre Antwort bestimmt schon, bevor du überhaupt die Frage gestellt hast. Das kannst du dir jetzt zu Nutze machen. Stelle dir vor, dass ihr gemeinsam an einem Ort seid, den ihr oft für Gespräche genutzt habt und erzähle ihr dort von deinem Problem. Wahrscheinlich kommt ihre Antwort ganz von alleine. Denk nicht groß drüber nach, sondern lasse sie ganz intuitiv antworten. Was kommt dir als erstes in den Sinn? Das erste Gefühl ist meist das richtige.
Wenn du einmal nicht weiterweißt und auch niemand anderen um Rat fragen willst, frage dich:

„Was würde .... jetzt zu mir sagen?"

Was würde ... sagen?

Mein Problem:

....

....

....

....

....

Was würde .... jetzt zu mir sagen?

....

....

....

....

....

....

Mein Problem:

....

....

....

....

....

Was würde .... jetzt zu mir sagen?

....

....

....

....

....

....

Mein Problem:

....

....

....

....

....

Was würde .... jetzt zu mir sagen?

....

....

....

....

....

....

....

Mein Problem:

....

....

....

....

....

Was würde .... jetzt zu mir sagen?

....

....

....

....

....

....

....

Mein Problem:

....

....

....

....

....

Was würde .... jetzt zu mir sagen?

....

....

....

....

....

....

....

Mein Problem:

....

....

....

....

....

Was würde .... jetzt zu mir sagen?

....

....

....

....

....

....

....

Mein Problem:

....

....

....

....

....

Was würde .... jetzt zu mir sagen?

....

....

....

....

....

....

....

Mein Problem:

....

....

....

....

....

Was würde .... jetzt zu mir sagen?

....

....

....

....

....

....

....

Mein Problem:

....

....

....

....

....

Was würde .... jetzt zu mir sagen?

....

....

....

....

....

....

....

Mein Problem:

....

....

....

....

....

Was würde .... jetzt zu mir sagen?

....

....

....

....

....

....

....

Zusammenfassung

- Wer war die Person, die du verloren hast? Was hat sie so besonders gemacht? Wie war eure Beziehung?

- Welche Rolle hatte sie in deinem Leben? Manche Rollen können wir neu besetzen, andere nicht.

- Auch die Suizidmethode kann eine wichtige Rolle spielen und das Bild, dass du von dem Verstorbenen hattest, beeinflussen.

- Die Gefühle, die dir die Beziehung zu dem Verstorbenen gegeben hat, werden dir irgendwann andere Menschen geben.

- Zögere nicht, bei Problemen andere Personen um Rat zu fragen, viele werden dir gerne in jeder Situation helfen.

- Für Probleme, in denen du dennoch gerne den Rat des Verstorbenen hättest, stelle dir ein Gespräch mit ihm vor. Was würde er dir antworten?

- Eigene Gedanken: ....
  ....
  ....
  ....
  ....

5 Ahnungen und Erinnerungen

Dieses Kapitel dreht sich darum, wie der Suizid die Vergangenheit in ein anderes Licht rückt. Was sehen wir auf einmal mit anderen Augen? Wo deuten wir plötzlich Zeichen, von denen wir glauben, wir hätten sie erkennen müssen? Was ist vor dem Suizid passiert? Welche Schritte führten zum Suizid?
Ich möchte auch auf das Thema Abschiedsbrief eingehen. Welchen Einfluss hat das Vorhandensein oder das Fehlen eines Abschiedsbriefes auf unsere Gefühlslage?

Vielleicht hast du dich auch schon dabei ertappt, dass du plötzlich in jeden Blick und in jedes Wort des Verstorbenen unglaublich viel hineininterpretierst. Du witterst überall Zeichen und denkst, dass du den Suizid hättest ahnen und verhindern müssen. Du erinnerst dich an scheinbare Andeutungen des Suizids und mögliche Auslöser für die Depression.
Von all diesen Ahnungen und Erinnerungen handelt dieses Kapitel. Im sechsten Kapitel gehe ich dann näher auf die Schuldgefühle ein, die damit einhergehen.

In einem anderen Licht

Wie ich es jetzt schon häufiger geschrieben habe, ist nach einem Suizid nichts mehr, wie es vorher war. Dazu gehört auch, dass wir viele Dinge plötzlich aus einem anderen Kontext heraus betrachten. In dem letzten Blick, den uns der andere zugeworfen hat, sehen wir plötzlich einen Abschied und wir sind uns sicher, dass die letzte Umarmung länger gedauert hat als normal. Die letzte Nachricht interpretieren wir jetzt vielleicht als Hilferuf und sind sauer auf uns, dass wir es nicht rechtzeitig verstanden haben. Mitunter stellen wir auch unsere ganze Beziehung in Frage.

Meine Mutter hat kurz vor ihrem Suizid zwei Bilder in der Klinik gemalt, in der sie untergebracht war. Das erste Bild zeigt ein Herz, aus dem ein Stern kommt. Zwei Hände liegen über dem Herzen und verdecken den Stern fast komplett.
Das zweite Bild hat meine Mutter zwei Tage vor ihrem Suizid gemalt, als sie noch in der Klinik war. Sie war bis spät abends in einem der Räume, in denen gemalt werden konnte, weil sie unbedingt dieses Bild fertigstellen wollte.
Einen Ausschnitt des Bildes hältst du gerade in deinen Händen. Es ist das Cover dieses Buches. Ein Flugzeug, das Richtung Sonne davonfliegt und einen dunklen Schatten unter sich zurücklässt.
Als wir in der Woche vor ihrem Suizid telefonierten, erzählte sie mir von den beiden Bildern. Ich wollte sie fragen, was die Bilder bedeuten, aber dann erinnerte ich mich daran, wie Mama von der Therapie erzählt hatte. Dass es sie nervte, immer interpretieren zu müssen, was sie malte. Also sprach ich meine Frage nicht aus.
Meine Mutter hat schon immer davon gesprochen, dass auf ihrer Beerdigung einmal „Über den Wolken" von Reinhard Mey ge-

spielt werden sollte. Einen Zusammenhang zwischen diesem Lied und ihrem Bild, sah ich trotzdem erst nach ihrem Suizid. Mit einem Mal war ich mir sicher, dass sie mich über ihren Plan informieren wollte und dass sie vielleicht sogar hoffte, ich würde sie davon abhalten. Sie hatte niemand anderem von den Bildern erzählt…
Wenn ich mir die beiden Bilder heute anschaue, bereue ich es, sie nicht nach ihrer Bedeutung gefragt zu haben. Aber vielleicht hätte sie mir auch nicht die Wahrheit erzählt.
Man kann so viel hineininterpretieren. In den Stern, der aus dem Herzen dringt. In die Hände, die den Stern zurückhalten oder das Herz schützen. In das Flugzeug, das vor dem dunklen Schatten im Sinkflug Richtung Erdboden flog oder das Flugzeug, das noch eine glückliche Pirouette machte, bevor es nun Richtung Sonne fliegt.
Was meine Mutter wirklich mit den Bildern ausdrücken wollte, werde ich nie wissen. Aber vielleicht ist das auch gar nicht so wichtig. Vielleicht ist es viel wichtiger, was ich in den Bildern sehe.

Es gibt noch eine Reihe weiterer Begebenheiten, die ich seit dem Suizid meiner Mutter anders interpretiere als davor. Dass sie zum Beispiel am Samstagabend unbedingt noch den Kindergeldantrag mit mir fertigmachen wollte. „Okay, sie braucht zwar meine Hilfe, aber immerhin kümmert sie sich wieder um solche Dinge. Es scheint ihr langsam besser zu gehen", dachte ich.
Am Sonntag wusste ich dann, dass das ein Punkt auf ihrer To-do-Liste vor dem Suizid gewesen war. Erst eine ganze Zeit später habe ich verstanden, was das eigentlich bedeutet: Selbst an diesem Punkt hat sie sich noch um mich gekümmert und wollte sicherstellen, dass ich nach ihrem Tod weiterhin versorgt war.
Natürlich war ihre Unterschrift nach ihrem Suizid für die Beantragung des Kindergeldes nutzlos – mein Vater musste von da an das

Kindergeld für mich beantragen – aber mir persönlich bedeutet diese Unterschrift unglaublich viel. Sie ist ein Sinnbild dafür, dass meine Mutter sich auch jetzt noch um mich kümmert. Wo auch immer sie gerade ist.

Du hast nun bestimmt auch eine oder mehrere Situationen im Kopf, über die du seit dem Suizid anders denkst. Wenn du magst, schreib sie doch direkt auf. Was ist passiert? Wer war mit dabei? Wie hast du dich dabei gefühlt? Wie hast du vor dem Suizid darüber gedacht und was hat sich seitdem verändert?
Denk auch daran, dass es bei der Interpretation der Dinge nicht unbedingt darauf ankommt, herauszufinden, was unsere Lieben sich dabei gedacht haben. Hundertprozentig werden wir das nie wissen können. Viel wichtiger ist, wie du darüber denkst. So kannst du viel über dich, deine Gefühle und deine Beziehung zu deinem geliebten Menschen lernen.

Eure Beziehung zueinander gehört mitunter auch zu den Dingen, die du seit dem Suizid mit anderen Augen siehst.
Ich habe nach dem Suizid meiner Mutter stark an unserer Beziehung gezweifelt. Ich konnte nicht verstehen, warum sie ihr eigenes Kind alleine lässt, und habe ihre Liebe zu mir in Frage gestellt. Ich war mir unsicher, ob wir uns wirklich so nahestanden, wie ich dachte. Wäre es so gewesen, hätte meine Mutter mich doch zum einen nicht verlassen dürfen und zum anderen hätte sie mit mir über ihr Vorhaben sprechen können, dachte ich.
Für mich war meine Mutter meine engste Vertraute. Der Mensch, bei dem ich mich am sichersten gefühlt habe. Sie konnte mir nur durch ihre Anwesenheit das Gefühl geben, dass alles gut ist und mir nichts passieren kann. Gleichzeitig ging ich davon aus, dass

ich genauso wichtig für sie war wie sie für mich. Dass mich dieser Mensch verlassen hat, ließ mich wütend und verzweifelt zurück. Eine lange Zeit bestimmten diese Zweifel meinen Alltag. Wenn meine eigene Mutter mich verlassen konnte, dann würde mich auch jeder andere Mensch in meinem Leben früher oder später verlassen. Ich konnte niemandem mehr vertrauen und überlegte tatsächlich, ob es nicht besser wäre, von nun an als Einzelgänger zu leben, um nicht mehr verletzt zu werden.
Die Zweifel, die ich an der Beziehung zu meiner Mutter hatte, übertrug ich auf alle anderen Personen in meinem Leben. „Wenn sie mich nicht liebt, liebt mich niemand. Vermutlich stehe ich niemandem so nahe, wie ich denke."
Das wieder ins Lot zu bringen, hat seine Zeit gedauert und bedurfte einiger Erkenntnisse.

Meine Mutter ist an einer Krankheit gestorben. Daran ist sie genauso wenig schuld, wie jemand, der an Krebs stirbt und sie hat sich diesen Weg auch genauso wenig ausgesucht, wie jemand, der an Krebs stirbt. Depressionen sind der Krebs der Seele.
Meine Mutter ist erst gegangen, als ich auf eigenen Beinen stand. Sie hat trotz ihrer Krankheit lange genug durchgehalten, um zu wissen, dass ich auch nach ihrem Tod noch ein erfülltes Leben haben werde. Sie hat aus Liebe zu mir so lange durchgehalten. Selbst in ihrem Abschied spiegelt sich ihre Liebe zu mir wider. Sie wollte niemandem zur Last fallen. Sie wollte, dass ich das unbeschwerte Leben führen kann, das ihr selbst verwehrt blieb.
Die Beziehung zwischen meiner Mutter und mir war genau die, für die ich sie immer gehalten habe. Wenn nicht sogar noch enger.
Es gab nichts, worauf ich länger hätte sauer sein können. Meine Mutter hat mich so sehr geliebt, wie eine Mutter ihr Kind nur lieben

kann. Sie hat alles dafür getan, dass es mir gut geht. Sie wurde krank und ist an dieser Krankheit gestorben.
Ich habe dem Leben vergeben, dass es mir meine Mutter genommen hat und bin dankbar dafür, dass ich sie hatte. Dankbar, dass ich diese unendliche Liebe einer Mutter erfahren durfte und sie mein Leben lang in mir tragen werde.
Natürlich gibt es immer wieder Momente, in denen ich wütend und traurig bin. Wütend auf meine Mutter und auf das Leben. Aber ich habe gelernt, dass ich die Kraft besitze, zu vergeben. Dies ist das befreiendste Gefühl, das ich jemals hatte.
Vergebung ist ein sehr weites Feld und ein langer Prozess. Es gibt ganze Bücher und Seminare zu dem Thema. Der erste Schritt zur Vergebung ist zu lernen, dass man etwas nicht gut finden oder unterstützen muss, um es zu vergeben, und dass Vergeben nicht Vergessen heißt.

Versuche die wahre Absicht des anderen hinter seiner Entscheidung zu sehen. Es erfordert viel Empathie, seinen eigenen Standpunkt dabei gänzlich außen vor zu lassen. Dein geliebter Mensch hat nicht in der Absicht gehandelt, dich zu verletzen.
Es fiel mir sehr schwer, meinen „Du hast mich alleine gelassen"-Standpunkt aufzugeben. Ich war zu wütend, um meine Vorwürfe fallen lassen zu können. Aber irgendwann habe ich verstanden, dass ich damit nur mir selbst schade.
Mir wurde die wichtigste Person in meinem Leben genommen. Ich könnte dem Universum jeden Tag erzählen, wie wütend ich darüber bin. Dem Leben schwören, mich dafür zu rächen. Gott anklagen, dass er so etwas zulässt.
Aber was würde das bringen? Interessiert es das Universum oder das Schicksal, was wir denken? Ändert Gott seine Pläne, weil wir

nicht mit ihnen einverstanden sind? Würde ein hasserfülltes Leben mir meine Mutter zurückbringen? Selbstverständlich nicht. Das einzige Ergebnis wäre, dass es mir jeden Tag schlecht ginge. Wenn ich an meiner Wut festhielte, würde ich im Endeffekt mit meinem eigenen Leben bezahlen.
Es hat seine Zeit gedauert, aber ich habe meinen Standpunkt „Du hast mich alleine gelassen" austauschen können. Gegen „Du warst zu krank, um weiterzuleben." Mich selbst habe ich dabei bewusst gänzlich außen vor gelassen und es so geschafft, zu vergeben.

Lass nicht zu, dass du dir dein Leben nimmst.
Denk daran, dass Depressionen eine Krankheit sind und ihr Verlauf nichts über die Beziehung zu deinem geliebten Menschen aussagt. Du würdest nicht an seiner Liebe zweifeln, wenn er an Krebs gestorben wäre oder? Versuche, den Suizid als Seelenkrebs zu betrachten.

Was machte eure Beziehung aus? Wenn du möchtest, halte es direkt auf den nächsten Seiten fest und überlege anschließend, ob der Suizid etwas daran ändern kann oder ob er manche Punkte nicht sogar bestärkt. Falls du im Moment noch der Meinung bist, dass der Suizid eure Beziehung in ein anderes Licht gerückt hat, lies dir das Kapitel und deine Notizen in ein paar Monaten erneut durch und überdenke es. Es ist ganz normal, wenn du jetzt noch nicht so weit bist. Gib dir einfach etwas mehr Zeit.
Du kannst auch mit einer anderen Person darüber sprechen. Am besten jemand, der nicht zu sehr involviert ist. Solchen Personen fällt es in der Regel leichter, einen neutralen Standpunkt einzunehmen und dir so vielleicht Dinge aufzuzeigen, die du gerade noch nicht sehen kannst.

In der Regel bin ich immer dafür, mit Gleichgesinnten zu sprechen, die etwas Ähnliches erlebt haben. In diesem Fall möchte ich dir aber eher davon abraten. Jemand mit einer ähnlichen Erfahrung ist vielleicht gerade selbst noch an dem Punkt, an dem er die Beziehung zu seiner verlorenen Person anzweifelt. In diesem Fall wird er keinen neutralen Standpunkt einnehmen können.
Besser wäre zum Beispiel eine gute Freundin oder ein Therapeut.

Situationen, dir mir heute in einem anderen Licht erscheinen

Situation ……………………………………………………

……………………………………………………………

……………………………………………………………

……………………………………………………………

……………………………………………………………

……………………………………………………………

Wer war dabei? ……………………………………………

……………………………………………………………

Wie habe ich mich gefühlt? ………………………………

……………………………………………………………

……………………………………………………………

……………………………………………………………

Wie habe ich vor dem Suizid darüber gedacht? …………

……………………………………………………………

……………………………………………………………

……………………………………………………………

……………………………………………………………

……………………………………………………………

Was hat sich durch den Suizid verändert? ………………

……………………………………………………………

……………………………………………………………

……………………………………………………………

……………………………………………………………

……………………………………………………………

……………………………………………………………

……………………………………………………………

……………………………………………………………

Situation ....
....
....
....
....
....
....

Wer war dabei? ....
....

Wie habe ich mich gefühlt? ....
....
....
....
....

Wie habe ich vor dem Suizid darüber gedacht? ....
....
....
....
....
....

Was hat sich durch den Suizid verändert? ....
....
....
....
....
....
....
....
....
....

Situation ....
....
....
....
....
....
....
Wer war dabei? ....
....
Wie habe ich mich gefühlt? ....
....
....
....
....
Wie habe ich vor dem Suizid darüber gedacht? ....
....
....
....
....
....
Was hat sich durch den Suizid verändert? ....
....
....
....
....
....
....
....
....
....

Situation ....

....

....

....

....

....

....

Wer war dabei? ....

....

Wie habe ich mich gefühlt? ....

....

....

....

....

Wie habe ich vor dem Suizid darüber gedacht? ....

....

....

....

....

....

Was hat sich durch den Suizid verändert? ....

....

....

....

....

....

....

....

....

....

Situation ....

....

....

....

....

....

....

Wer war dabei? ....

....

Wie habe ich mich gefühlt? ....

....

....

....

....

Wie habe ich vor dem Suizid darüber gedacht? ....

....

....

....

....

....

Was hat sich durch den Suizid verändert? ....

....

....

....

....

....

....

....

....

....

Was machte die Beziehung zu meinem geliebten Menschen aus?

Wie war unsere Beziehung? …………………………………

Kann der Suizid etwas an unserer Beziehung ändern? …………………

Wo bestärkt der Suizid unsere Beziehung? …………………………

Vor dem Suizid

Ich möchte hier auf etwas eingehen, dass ich ein paar Tage nach dem Tod meiner Mutter gemacht habe: „Recherchieren".
Ich habe das gemacht, um Antworten auf meine Fragen zu bekommen. „Warum hat meine Mutter das getan? Was hätten wir anders machen können? Wann und was war letztendlich der Auslöser?"
Das Problem dabei ist, auf diese Fragen wirst du hunderte und gar keine Antworten finden. Ich habe zunächst in jede Kleinigkeit etwas hineininterpretiert. Jede WhatsApp-Nachricht hätte der Auslöser sein können. Aber egal, wie sehr ich nachforschte, egal, wie viele Szenarien mit „hätte, wäre, könnte" ich mir ausdachte, irgendwann kam ich immer an den Punkt, an dem ich feststellte, dass wir nichts hätten ändern können. Es gab nicht den einen konkreten Auslöser und ich würde nie eine Antwort auf das „Warum?" bekommen, die mich zufriedenstellen würde. Denn der eigentliche Antrieb hinter dieser Suche, war die Hoffnung, noch etwas ändern zu können. Aber dafür war es zu spät, ich konnte nichts mehr ändern. Es gab keine Chance mehr, an irgendeinem Punkt anders zu handeln und wahrscheinlich würde es sowieso auf das gleiche Ergebnis hinauslaufen.
Meine Recherchen hatten dennoch Konsequenzen. Zum einen war ich ein paar Tage lang beschäftigt, was mir damals guttat. Zum anderen hat es mir geholfen, genau diese Erkenntnisse zu erlangen: Ich kann nichts mehr ändern. Ich muss akzeptieren, was passiert ist. Der einzige Grund für ihren Suizid ist ihre Krankheit. Wahrscheinlich hätten wir es nicht verhindern können.
Genau in diesem Punkt liegt aber auch eine negative Konsequenz. Ich hatte nun eine schöne Übersicht über all die Punkte, von denen ich glaubte, wir hätten anders handeln können. Damit hatte

ich viel Raum für jede Menge Szenarien, die ich in meinem Kopf durchspielte. Szenarien, um doch noch herauszufinden, wie man Mama hätte retten können und wer für ihren Tod verantwortlich ist. Diese Gedankenspiele führten immer zu dem gleichen Ergebnis: Ich war schuld. (Mehr zum Thema Schuld findest du in Kapitel 6 *„Die Frage nach der Schuld"*.)
Zudem war die Erkenntnis, dass ich keine befriedigende Erklärung dafür bekommen würde, warum das passieren musste, sehr ernüchternd und deprimierend.

Was ich damit sagen will ist, diese Recherche ist in erster Linie eine Art Beschäftigungstherapie. Wie du mit den gewonnenen Erkenntnissen umgehst, liegt an dir. Sie können dir weiterhelfen, aber sie können dich auch runterziehen. Darum überlege dir gut, wie weit du in der Vergangenheit herumstochern willst. Wichtiger als der Blick in die Vergangenheit, ist auf jeden Fall der Blick in die Zukunft. Du solltest dich nicht zu lange mit dem Vergangenen aufhalten. Aber manchmal ist es hilfreich oder sogar notwendig, die Vergangenheit aufzuarbeiten, bevor man wieder nach vorne gehen kann.
Ob du das jedoch gerade brauchst, kannst nur du selbst entscheiden. Wenn du das Gefühl hast, dass du mit der Vergangenheit d'accord gehst und keinen Bedarf spürst, etwas nachzuforschen, gehe einfach direkt zum Punkt „Abschiedsbrief" auf Seite 179.

Wenn du aber merkst, dass du etwas aus der Zeit vor dem Suizid aufarbeiten möchtest, lies weiter.
Was meine ich mit „Recherche"? Ich habe mir damals mein Smartphone geschnappt und in meinen Kalender alles eingetragen, was vor Mamas Suizid passiert ist und mir wichtig erschien. Mein Stief-

vater hat es ähnlich gemacht, er hat eine Tabelle am PC angelegt. Wir haben alle Infos zusammengetragen, die wir finden konnten. Wann war Mama in der Klinik, was hat sie dort gemacht? Wir haben ihre Notizen durchgelesen, mit ihrer Therapeutin gesprochen und unsere Telefonate und WhatsApp-Chats zusammengetragen. Wann hat wer worüber mit ihr gesprochen? An welchen Tagen ging es ihr besonders schlecht? Was ist an diesen Tagen passiert? Wann hat sie jemand in der Klinik besucht und wie ging es ihr da?
Ich habe ihren PC durchsucht. Als erstes den Browserverlauf. Wann hat sie angefangen, nach Suizid-Methoden zu googlen? Finde ich Dokumente auf ihrem PC, die uns weitere Antworten geben?
Wir haben uns Arztrechnungen durchgeschaut. Wann war sie bei welchem Arzt und warum?
Wir haben die Wochen vor dem Suizid und den Tag des Suizides rekonstruiert. Wie ist sie vorgegangen? Wann hat sie welche Nachrichten geschrieben und was hat sie wann in etwa getan?
Wie du jetzt bestimmt merkst – vielleicht daran, dass du dich plötzlich unbehaglich fühlst – bringt diese Art der Recherche ein Problem mit sich: Man greift ungemein in die Privatsphäre des Verstorbenen ein.
Für mich hat es sich damals nicht falsch angefühlt, da meine Mutter und ich uns sehr nahestanden und keine Geheimnisse voreinander hatten. Private Dokumente oder Tagebücher eines Verstorbenen zu lesen, ist aber natürlich trotzdem moralisch fragwürdig. Ob das für dich in Ordnung ist und wie weit du bei deiner Recherche gehen willst, kannst nur du selbst entscheiden.
Falls du kein Interesse daran hast, einen detaillierten Kalender über die Wochen vor dem Suizid zu führen, du aber trotzdem ein paar Ereignisse gerne festhalten möchtest, nutze einfach die folgende Seite, um deine Gedanken aufzuschreiben.

Die Zeit vor dem Suizid

Wann habe ich .... das letzte Mal gesehen? ....
Was haben wir gemacht? ....
....
....
....
Wo waren wir? ....
Wer war mit dabei? ....
Worüber haben wir gesprochen? ....
....
....
....
Wie verlief der Tag vor dem Suizid? ....
....
....
....
Und der Tag des Suizides? ....
....
....
....
....
....
....
Welche gravierenden Ereignisse gab es in den Wochen vor dem Suizid? ....
....
....
....
....

Frühe Vergangenheit

Wenn du dich dafür entschieden hast, einen Blick in die Vergangenheit zu werfen, kann es hilfreich sein, sich nicht nur die letzten Wochen und Monate, sondern auch die frühere Vergangenheit des Verstorbenen anzuschauen. Wie verlief seine Kindheit und sein weiteres Leben? Welche Meilensteine machen es aus?
Ich habe auf dem PC meiner Mutter eine Datei gefunden, in der sie einige der wichtigsten Ereignisse ihres Lebens aufgelistet hat. Zum Schutz der Privatsphäre meiner Familie möchte ich an dieser Stelle nicht näher auf den Inhalt eingehen. Sie gab mir aber Aufschluss darüber, wie meine Mutter ihr Leben betrachtete. Was in ihren Augen falsch gelaufen ist und was das mit ihr gemacht hat. Ich habe erkannt, dass sie nicht so unbeschwert war, wie ich dachte. Sie hatte vor ihrer Erkrankung unbestreitbar eine sehr positive, lebensfrohe Ausstrahlung, aber dahinter verbarg sich auch eine Last, die sie zu tragen hatte. Verschiedene Schicksalsschläge, an denen sie nagte.
Als ich mit anderen darüber sprach, erfuhr ich, dass eine gewisse Melancholie schon immer typisch für sie gewesen war. Im ersten Moment wollte das für mich so gar nicht zu meiner kontaktfreudigen, lustigen Mutter passen. Aber nach und nach fügte es sich in das Gesamtbild, das letztendlich zu der schweren Depression und ihrem Tod führte.

Wenn du, so wie ich, einen lebensfrohen Menschen gekannt hast, von dem du niemals gedacht hättest, dass er sich das Leben nehmen könne, hilft es dir vielleicht auch, einen Blick in die frühere Vergangenheit dieser Person zu werfen. Was lief nicht so, wie sie es sich erhofft hatte?

Wenn man depressiv ist, hilft es, sich immer wieder die Fragen zu stellen: „Wie möchte ich leben?" und „Was muss ich dafür tun?". Das kannst du auch für dich machen, um im seelischen Gleichgewicht zu bleiben. Frage dich immer wieder, wie dein Leben sein müsste, damit du glücklich bist und wenn etwas nicht die Kriterien dafür erfüllt, ändere es. Kontrollieren und korrigieren.

Abschiedsbrief

Der Abschiedsbrief ist eine Sache für sich. Wenn es keinen gibt, wünscht man ihn sich in der Regel sehnlich herbei. Wenn es einen gibt, hilft einem das aber auch nicht unbedingt weiter, denn ein Abschiedsbrief kann sowohl entlastend als auch belastend sein.

Es gibt lange und kurze Abschiedsbriefe, persönliche und unpersönliche.

Zunächst einmal möchte ich darauf hinweisen, in welchem Zustand unsere Lieben ihren Abschiedsbrief verfassen oder eben nicht verfassen. Sie sind schwer krank, gezeichnet von Depressionen, die sich so tief in ihren Geist eingenistet haben, dass sie nicht mehr sie selbst sind. Wir alle kennen den Anblick von unserem geliebten Menschen, der früher so aktiv und fröhlich war, und der jetzt weinend auf dem Sofa sitzt, die Schultern zusammengefallen, der Kopf heruntergesackt, das Gesicht in den Händen verborgen. Aufgelöst und verzweifelt, weil er es nicht schafft, das Haus zum Einkaufen zu verlassen.

Wir alle kennen den Gedanken, dass wir diese Person nicht wiedererkennen. Wir haben miterlebt, was Depressionen mit einem Menschen anstellen und wie sehr sie ihn verändern.

Daran solltest du denken. Ein Abschiedsbrief enthält zwar die letzten Worte unserer Lieben, zu einem großen Teil spricht dann aber eben doch die Krankheit aus ihm.

In meinem Fall gab es einen Abschiedsbrief. Ganze neun Seiten in einem schwarzen DIN-A5-Notizbuch. Vermutlich über drei oder vier Tage hinweg geschrieben. „Wow, neun Seiten! Darin muss so viel Persönliches gestanden haben. Wie gerne hätte ich so einen langen Abschiedsbrief bekommen!", werden einige jetzt vielleicht denken. Um das schon mal vorweg zu nehmen: Dem ist nicht so.

Meine Mutter hat sich im Verlauf ihrer Depressionen viele Krankheiten eingebildet, auf die sie dann ihre traurige Stimmung schieben konnte. Zum Beispiel Multiple Sklerose oder Alzheimer. Sie hatte unter anderem Symptome wie trockene Augen, einen trockenen Mund, schmerzende Arme, Lichtempfindlichkeit und Probleme mit dem Gehör. Von den meisten wissen wir bis heute nicht, ob sie nur eingebildet waren.

Auf vier Seiten geht es um ihre Krankheiten, die vielen verschiedenen Symptome und die Medikation. Auf einer Seite schreibt sie, dass sie hoffentlich alle wichtigen Papiere zusammengestellt hat.

Auf den restlichen vier Seiten schreibt sie darüber, dass sie nicht mehr leben möchte, dass es ihr leidtut, sie aber keine Zukunft sieht, und wir zwar sauer auf sie sein können, aber ihr ihre Ruhe gönnen sollen. Vier Seiten lang Rechtfertigungen für ihren Suizid, in Form von Floskeln.

Sie spricht uns Angehörige mit „ihr" und „euch" an.

Ich habe den Abschiedsbrief laut im Kreis von Familie und Freunden vorgelesen, nachdem die Polizei ihn gefunden hatte. Anschließend habe ich ihn immer und immer wieder still durchgelesen. Danach habe ich die leeren Seiten des Buches durchgeblättert. Ich dachte, ich hätte etwas übersehen. „Das kann doch nicht alles sein!", dachte ich.

Meine Tante beobachtete mich: „Ich weiß, wonach du suchst. Kein Wort über dich."

Auf neun Seiten war tatsächlich nicht ein einziges Mal mein Name gefallen. Sie hatte seitenlang ihre Symptome beschreiben und ihr Handeln rechtfertigen können, aber für ein „Ich liebe dich" an mich war kein Platz.

Ich weiß nicht, was mir in dem Moment dieser Erkenntnis mehr weh tat: dass sie nicht an mich gedacht hatte oder dass sie nicht

da war, damit ich ihr meine Enttäuschung direkt ins Gesicht hätte schreien können.
Zwei Sätze haben mich besonders sauer gemacht:
„Es wird auch euer Leben verändern, aber nur vorübergehend."
„Es tut mir leid, dass ich euch das antue, aber ihr könnt mir glauben, dass ich gründlich darüber nachgedacht habe und dass es auch für euch so am besten ist."
Das konnte sie nicht beurteilen und in meinen Augen hatte sie kein Recht, so etwas zu schreiben. Wie konnte sie nur auf die Idee kommen, dass der Tod der eigenen Mutter das Leben ihrer Tochter nur „vorübergehend" verändern würde? Und was für mich am besten ist, kann ich sehr gut selbst beurteilen!
Der Abschiedsbrief machte mich wütend. Wieder ging es nur um ihre unzähligen Symptome und nicht um das eigentliche Problem: die Depression. Der ganze Brief war für mich eine Farce, ich fühlte mich betrogen.

Heute weiß ich den Brief anders zu beurteilen. Wie gesagt, müssen wir ihn vor dem Hintergrund betrachten, wie krank unsere Angehörigen waren. Aber damals hat er sehr viele negative Gefühle in mir ausgelöst.
Trotzdem hat er mir natürlich auch geholfen. Er hat mich verstehen lassen, wie schlimm die Symptome meiner Mutter für sie waren und wie sehr ich das unterschätzt habe. Ich kann heute, wenn ich den Brief lese, besser nachvollziehen, warum sie diesen Schritt gegangen ist.
Außerdem war er in den ersten Tagen nach dem Suizid wie eine Art Rettungsanker, den ich immer bei mir hatte und an dem ich mich festhalten konnte. Immerhin enthält er die letzten Worte meiner Mutter.

Ein Abschiedsbrief kann dir die Gedanken und Gefühle des Verstorbenen näherbringen. Er kann dir zeigen, wie schwer dem Suizidenten seine Entscheidung gefallen ist. Vielleicht sind Worte der Liebe an dich gerichtet, die dich von nun an begleiten werden.
Manche schreiben ihren Angehörigen, dass sie keine Schuld trifft, was hilfreich sein kann. Andererseits kommt es in Ausnahmefällen auch dazu, dass Personen aus dem Umfeld des Verstorbenen für den Suizid verantwortlich gemacht werden. Eine solche Anklage kann den Prozess der Trauerbewältigung stark erschweren. Das Gefühl der Schuld wird verstärkt und belastet den Hinterbliebenen. Mehr zu dem Thema Schuldgefühle findest du in Kapitel 6, ab Seite 189.

Wenn es bei dir keinen Abschiedsbrief gibt, kann dies besonders schwer für dich sein. Du hast vielleicht das Gefühl, keine Antworten auf deine Fragen zu bekommen und das Handeln des Verstorben niemals verstehen zu können.
Für die Abwesenheit eines Abschiedsbriefes kann es verschiedene Gründe geben. Vielleicht geschah die Handlung im Affekt. Vielleicht wusste dein Angehöriger nicht, was er schreiben soll. Vielleicht hat der Suizid ihn all seine Kraft gekostet und er hat es nicht geschafft, noch letzte Worte zu schreiben. Vielleicht hätte eine Auseinandersetzung mit den Folgen seines Suizids es unmöglich für ihn gemacht, sein Vorhaben durchzuziehen. Vielleicht wusste er, dass jeder Gedanke an seine Familie es unmöglich für ihn machen würde, sich tatsächlich das Leben zu nehmen.
In jedem Fall liegt die Ursache letztendlich wieder in der Depression. Vergiss nicht, wie krank dein Angehöriger war. Vergleiche das immer wieder mit einer körperlichen Krankheit, wenn dir das leichter fällt. Stelle dir deinen Angehörigen so geschwächt vom Krebs

vor, dass er es nicht mehr schafft, einen Stift zu halten. Genau so sah die Psyche unserer Lieben aus.

Antworten auf alle meine Fragen habe ich trotz eines Abschiedsbriefes nicht bekommen und ich bin mir sicher, dass selbst am Ende eines Abschiedsbrief-Romans noch Fragen offen wären.
Viel wichtiger für mich, sind heute Briefe, Karten, SMS oder andere Nachrichten meiner Mutter, die sie mir lange vor ihrem Suizid geschrieben hat. Die Worte, die ich so vergeblich in ihrem Abschiedsbrief gesucht habe, hatte sie mir doch schon unzählige Male vorher geschrieben. Warum wollte ich unbedingt noch letzte Worte an mich, wo ich doch früher schon so viele schöne Zeilen von ihr bekommen hatte? All diese kleinen Nachrichten, Worte der Liebe und der Fürsorge, bedeuten mir heute viel mehr, als ihr Abschiedsbrief.

Offene Fragen

Das wirst du sicherlich auch schon festgestellt haben: Auf manche deiner Fragen kriegst du keine Antworten. Weder aus einem Abschiedsbrief noch aus der Vergangenheit, von der Polizei oder von Therapeuten.

Die einzige Lösung dafür ist: Du musst dir selbst Antworten geben! Ich kann dir leider nicht dabei helfen, wenn du auf der Suche nach dem „Warum?" deinen Glauben verloren hast. Diesen musst und wirst du, da bin ich mir ganz sicher, selbst wiederfinden. Denn irgendwann wirst du, so unmöglich das momentan auch erscheinen mag, selbst in diesem schrecklichen Verlust einen Sinn erkennen. Das ist jedoch eine Reise, auf die du alleine gehen musst. Ich kann dir nur raten, dich nicht gegen positive Dinge, die dir in Verbindung mit dem Suizid begegnen, aus Prinzip zu verschließen. Sei offen dafür, dass dir auch Gutes widerfahren darf. Du hast es nicht verdient, für den Rest deines Lebens unglücklich zu sein. Du bist ein liebenswerter Mensch, vergiss das nicht.

Ich kann dir aber bei den Fragen weiterhelfen, die du gerne an den Verstorbenen richten möchtest: Führe ein Gespräch mit ihm.

Das habe ich das erste Mal im Rahmen einer Arbeit für die Hochschule gemacht. Im Fach Postproduktion Audio habe ich ein Radio-Feature (nicht-fiktionales Hörspiel) über den Suizid meiner Mutter erstellt. In diesem Feature gibt es unter anderem ein Gespräch zwischen meiner Mutter und mir, in dem ich ihr alles sage, was mir auf dem Herzen lag. Ich vertone in diesem Dialog uns beide und musste mir dafür vorher natürlich überlegen, was meine Mutter mir wohl antworten würde. Es ging vorrangig um meine Schuldgefühle. Ich überlegte also, was meine Mutter dazu sagen würde, dass ich mir die Schuld an ihrem Suizid gab. In meinem Feature sagt sie

mir, dass mich keine Schuld trifft. Auf meine Reaktion, dass ich der Meinung bin schuld zu sein, weil sie die Holzkohle mit mir zusammen gekauft hat, nachdem ich sie überredet hatte, einkaufen zu gehen, antwortet sie, dass ich ihr damit geholfen habe. Dass ich sie ein Stück ihres letzten Weges begleitet habe und sie mir sehr dankbar dafür ist. „Ich habe das mit niemandem sonst geteilt. Ich habe dir vertraut und du hast mir zur Seite gestanden", sagt sie.
Als ich ihre Antworten schrieb und aufnahm, glaubte ich mir selbst kein Wort. Aber nach und nach drangen diese Worte immer mehr zu mir durch. Ich kann mir wirklich vorstellen, dass meine Mutter etwas in der Art zu mir sagen würde.

Auch du stehst deinem geliebten Menschen nahe genug, um seine möglichen Antworten zu kennen. Schließe deine Augen und stelle dir vor, wie du ihm gegenüber sitzt. Stelle ihn dir so detailgenau vor, wie du kannst. Sein Gesicht, die Augen, die Nase, den Mund, die Ohren und die Haare. Seine Statur, die Arme, Hände und Beine. Seine gewohnte Sitzhaltung. Würde er sich in deine Richtung vorbeugen oder lieber entspannt an die Rückenlehne lehnen? Wie riecht er; gibt es ein typisches Parfüm, das er häufig benutzt hat? Wenn du ein Bild von ihm hast, denke an frühere Gespräche. Erinnere dich daran, wie er war, wie er gesprochen hat und mit Problemen umgegangen ist. Wie klingt seine Stimme?
Dann fange an, mit der Person zu sprechen. Das kannst du laut oder nur für dich im Kopf machen. Lass dich von deinen Gefühlen leiten und den Verstorbenen spontan antworten. Sag das erste, das dir in den Kopf kommt, und lass einen Dialog entstehen.
Den meisten fällt es anfangs leichter, diesen Dialog nur still im Kopf zu führen. Du kannst euer Gespräch aber natürlich auch aufnehmen, so wie ich es gemacht habe, oder es aufschreiben.

So einen Dialog kannst du nun immer führen, wenn du auf eine Frage oder einen Gedanken stößt, über den du mit deinem geliebten Menschen sprechen möchtest. Wenn du seinen Rat brauchst. Wenn du ihm einfach von deinem Tag erzählen möchtest oder wenn dir etwas Besonderes widerfahren ist. Du kannst dich auch regelmäßig mit ihm verabreden und zum Beispiel einmal in der Woche oder im Monat mit ihm sprechen.

Das kannst du alleine machen, zusammen mit einem engen Freund oder Familienmitglied oder auch mit einem Therapeuten. Ganz so, wie du dich am wohlsten fühlst.

Zusammenfassung

- Nach einem Suizid sehen wir vieles in einem anderen Licht und interpretieren es neu.

- Dies kann Aufschluss über unsere Gefühle und unsere Beziehung zu dem Verstorbenen geben. Manchmal fangen wir an, diese Beziehung in Frage zu stellen.

- Dann erinnere dich daran, dass Depressionen eine Krankheit sind und ihr Verlauf nichts über deine Beziehung zu dem Verstorbenen aussagt.

- Schreibe auf, wie eure Beziehung für dich war und was sie so besonders gemacht hat.

- Unter Umständen kann es hilfreich für dich sein, die Zeit vor dem Suizid aufzuarbeiten. Du kannst z.B. einen Kalender über die Wochen davor führen und alle wichtigen Ereignisse darin notieren.

- Beachte aber, dass du bei diesen Recherchen vielleicht die Privatsphäre des anderen verletzt.

- Auch die frühere Vergangenheit des Suizidenten kann aufschlussreich sein.

- Frage dich immer wieder, wie du leben möchtest und was du dafür tun musst.

- Ein Abschiedsbrief kann sowohl entlastend als auch belastend sein.

- Vergiss nicht, dass dein Angehöriger psychisch sehr krank war, als er den Brief geschrieben oder nicht geschrieben hat.

- Kein Abschiedsbrief beantwortet all unsere Fragen.

- Offene Fragen kannst du versuchen, in einem fiktiven Dialog mit dem Verstorbenen zu beantworten.

- Diese Dialoge kannst du regelmäßig oder nach Bedarf führen.

- Eigene Gedanken: ....
....
....
....
....
....
....
....
....
....
....

6 Die Frage nach der Schuld

Der Verlust eines geliebten Menschen ist schwierig. Wir fühlen uns hilflos und alleingelassen. Es fällt uns schwer, zu akzeptieren, dass der andere gegangen ist und nicht zurückkehren wird.
Ein Suizid macht die Situation für uns Hinterbliebene besonders schwer. Wir können weder begreifen noch ertragen, dass der Mensch, den wir so sehr geliebt haben, entschieden hat zu sterben. Unsere Gefühle reißen uns innerlich schier auseinander. Zu unserem Schmerz über den Verlust kommt die Wut. Wir sind sauer, dass der andere uns einfach alleine gelassen hat. „Wie kannst du mir das nur antun?", ist ein Gedanke, der uns täglich begleitet. Wir fühlen uns ungeliebt und im Stich gelassen.
„Bin ich es nicht wert, dass du für mich weiterleben wolltest?"

Als würde es uns die Wut nicht schon schwer genug machen zu trauern, gesellt sich zu unseren Gefühlen meist noch die Schuld. Wir haben es nicht geschafft, den Suizid zu verhindern. Wir waren nicht für den Verstorbenen da, als er uns am meisten brauchte. Vielleicht denken wir sogar, wir haben etwas gesagt oder getan, was der Auslöser für den Suizid war. Wir stecken in einem Zwiespalt, der es uns sehr schwer macht, unsere Trauer zu verarbeiten.

Die folgenden Zeilen spiegeln diesen Zwiespalt, die innere Zerrissenheit und meine Schuldgefühle sehr gut wider. Ich schrieb sie vier Monate nach Mamas Suizid.

„Du bist doch meine Mama, du solltest mich beschützen. Aber du hast mir das Wichtigste genommen, das ich in meinem Leben hatte. Du ziehst mir den Boden unter den Füßen weg.
Ständig kommt diese Panik hoch, die mir die Kehle zuschnürt. Diese Panik über die Gewissheit, dass du einfach weg bist und nie wiederkommen wirst.
ICH KANN NICHT MEHR. Ich will auch nicht mehr.
Ich will bei dir sein.
Ich habe noch nie in meinem Leben einen Menschen so sehr vermisst. Ich fühle mich so alleine. Daran wird niemand etwas ändern können. Ich kann das überspielen, aber tief in mir drin fühle ich mich einfach nur schrecklich alleine. Überfordert und aufgeschmissen. Zurückgelassen, im Stich gelassen.
Schwach. Traurig. Wütend.
Wertlos, weil meine eigene Mutter mich im Stich lässt.
Unfähig und schuldig, weil ich dich im Stich gelassen habe.
Blind, naiv. Verantwortungslos.
Ich habe dich nicht ernst genug genommen. Habe dich nicht verstanden. Ich habe dich im Stich gelassen. Habe dich einfach in fremde Hände gegeben und mich nicht weiter gesorgt.
Ich bin ein schlechter Mensch.
Ich konnte meine eigene Mutter nicht vom Suizid abhalten.
Ich will wieder bei dir sein.
Warum hast du mich nicht eingeweiht und mitgenommen?
Du hast mir nicht mehr vertraut, weil ich dich im Stich gelassen habe.
Bei unserer letzten Begegnung wusstest du, dass es die letzte ist. Aber es gab kein Wort des Abschieds, keinen Ausdruck deiner Liebe, keine besonders feste Umarmung, keinen Rat für die Zukunft. Du warst enttäuscht von mir.

Bei unserer letzten Begegnung war ich schlecht drauf. Ich habe dich nicht aufgemuntert. Ich habe dir nicht gesagt, wie lieb ich dich habe. Ich bin so sauer auf mich wegen dieser letzten Begegnung. Weil ich sie nicht genossen habe, weil ich dir nicht meine volle Aufmerksamkeit und meine Liebe geschenkt habe.
Ich werde mir deinen Tod nie verzeihen.
Weil ich schuld bin. Weil ich nicht genug für dich da war. Weil ich meine Verantwortung an andere abgegeben habe. Weil ich naiv und dumm war. Egoistisch. Nur auf mich bezogen. Ich habe mich viel zu wenig um dich gesorgt.
Ich habe dich zu selten in der Klinik besucht. Ich habe dich zu selten angerufen.
Ich bin dir aus dem Weg gegangen, weil du so anstrengend warst. Wie konnte ich nur?! Du bist mir nie aus dem Weg gegangen, wenn ich anstrengend war. Ganz im Gegenteil; du hast dafür gesorgt, dass es mir besser ging. Das hätte ich auch für dich tun müssen! Aber ich war feige und egoistisch.
Ich hasse mich dafür. Ich wünschte, ich könnte das irgendwie wiedergutmachen. Aber ich werde mich nie bei dir entschuldigen können. Ich werde dir nie wieder sagen können, wie lieb ich dich habe und dass du der wichtigste Mensch in meinem Leben bist.
Ich will dir das endlich sagen können! Ständig sage ich es dir in meinen Träumen. Aber ich will es dir persönlich sagen."

Schuld am Tod

Als ich erfahren habe, dass meine Mutter sich das Leben genommen hat, habe ich während der ganzen Fahrt zu ihr immer wieder einen Satz vor mich hingesagt: „Ich bin schuld."

Ich hatte das Gefühl, versagt zu haben, sie im Stich gelassen zu haben. Ich war mir sicher, dass ich es hätte verhindern können, wenn ich an dem Nachmittag zu ihr gefahren wäre. Kurz vor ihrem Suizid haben wir noch über WhatsApp geschrieben. Ich fragte sie, ob sie zum Frühstücken kommen oder mich zum Sport begleiten wolle, aber sie wollte nicht. Auf ihre letzte Nachricht an mich habe ich nicht einmal mehr geantwortet. Ich musste ja irgendwelchen Freizeitbeschäftigungen nachgehen, statt mich um meine Mutter zu kümmern. Sie schrieb, dass ihre beste Freundin zum Haareschneiden vorbeikomme. Wie sich später herausstellte, war das ihr Alibi für den Tag. Ich wollte erst fragen, ob ich dazu kommen könne, wusste aber nicht, ob ich das zeitlich schaffen würde. Darum blieb diese Nachricht für immer unbeantwortet.

Ich fragte mich, was gewesen wäre, wenn ich geantwortet hätte oder direkt zu ihr gefahren wäre. Wie hätte sie reagiert? Wie hätte sie begründet, dass ihre Freundin nicht da war? Hätte ich gemerkt, dass an der ganzen Geschichte etwas faul war?

Ich habe mir manchmal vorgestellt, dass ich genau in dem Moment vor Mamas Haustür gestanden hätte, in dem sie den Feuerkorb ins Badezimmer tragen wollte. Was hätte sie gemacht? Ich hätte zur Not das Fenster neben der Tür mit einem Stein eingeschlagen. Ich hätte sie davon abgehalten. Dann hätte ich ihr sagen können, dass sie so etwas nie tun darf, dass sie mich niemals alleine lassen darf. Hätte sie es wohl trotzdem irgendwann noch einmal versucht?

Meine Schuldgefühle potenzierten sich, als herauskam, dass Mama sich mit Holzkohle das Leben genommen hatte. Lass mich dir erzählen warum:

Wie wir herausfanden, plante meine Mutter, sich ursprünglich einen Tag früher, an einem Samstag, das Leben zu nehmen. Sie hatte uns erzählt, dass sie sich mit einer Freundin aus der Klinik treffe. Wie wir später herausfanden, war so ein Treffen nie geplant. An diesem Samstag schrieb meine Mutter mir gegen 17 Uhr, dass das Treffen abgesagt sei und bat mich, zu ihr zu kommen. Es war noch hell und das Wetter war warm und sonnig, darum wollte ich sie überreden, dass wir etwas unternehmen. Nachdem sie fast alle meine Vorschläge abgelehnt hatte, war das einzige, worauf sie sich vielleicht einlassen wollte, zusammen einkaufen zu fahren. Ein paar Mal änderte sie ihre Meinung noch: „Nein, ich möchte doch nicht fahren. Lass uns zuhause bleiben. Ok, wir fahren doch einkaufen." Schließlich saßen wir im Auto auf dem Weg in einen Supermarkt im nächsten Ort, in dem ich mir Sushi kaufen wollte. Direkt im Eingang standen auf der rechten Seite die Säcke mit Holzkohle. Mama hat gesagt, dass wir einen mitnehmen sollen, falls wir am Sonntag spontan grillen wollen, bevor sie zurück in die Klinik muss. Sie sagte, ihr Elektrogrill sei kaputt und mit der Holzkohle könnten wir ja den Feuerkorb benutzen, den sie zuhause hatte. Ich habe ihr gesagt, dass das doch nur unnötig Dreck macht und dass ich einfach meinen Elektrogrill mitbringe, aber sie hat darauf bestanden, diese Holzkohle mitzunehmen. Weil sie ein bisschen euphorisch darüber wirkte, wollte ich es ihr nicht verderben. Also haben wir die Kohle mitgenommen.

Im Supermarkt standen wir zusammen in der Gemüseabteilung und ich habe mir Sushi eingepackt. Ich stand längere Zeit an einem Aufsteller mit Sparschälern und überlegte, einen für meine

Freundin zu kaufen, da sie in ihrer Studentenwohnung noch keinen hatte. Als Dankeschön, weil ich die Nacht zuvor bei ihr geschlafen hatte.
Mama ist in der Zeit alleine durch den Supermarkt gelaufen und hat unter anderem Tiefkühl-Gerichte und einen kleinen Holzkohlegrill gekauft. Falls es mit dem Feuerkorb nicht funktionierte, sagte sie. Ich habe ihr geglaubt, weil ich naiv war und weil ich nicht wusste, dass man sich mit Holzkohle umbringen kann.
An der Kasse habe ich gemerkt, dass sie gar kein Baguette oder Salate zum Grillen eingepackt hatte. Aber ich wollte sie nicht unnötig unter Druck setzen, also hielt ich meinen Mund. Was sie wohl gesagt hätte, wenn ich sie auf die fehlenden Salate angesprochen hätte? Hätte sie dann einfach noch welche geholt, um den Schein zu wahren? Oder hätte sie sich eine Ausrede einfallen lassen? Hätte ich die Ausrede entlarvt?
Ich erinnere mich, dass wir auf der Autofahrt zurück nach Hause kaum gesprochen haben. Ich weiß nicht genau warum, ich war einfach schlecht drauf. Ich war zu sehr mit mir selbst beschäftigt.
Zuhause haben wir zusammen gegessen. Mein Sushi schmeckte nicht, aber das wollte ich nicht zugeben, weil ich ja unbedingt deswegen in den Supermarkt wollte. Ich hatte Bauchschmerzen und nach einer Zeit rief mein Vater an und wollte, dass ich noch vorbeikomme. Es muss ca. 21 Uhr gewesen sein, als ich weggefahren bin, als ich meine Mama das letzte Mal umarmt, das letzte Mal lebendig gesehen, das letzte Wort mit ihr gesprochen habe.

Am nächsten Tag nahm sie sich mit Hilfe der Holzkohle, die wir gekauft hatten, das Leben. Im Geräteschuppen stand auch der kleine Grill, den sie noch geholt hatte. Er war allerdings nicht richtig zusammengebaut und auf ihm lagen nur wenige Stücke kaum

verbrannter Kohle. Anscheinend hatte das nicht funktioniert und so entschied sie sich für den Feuerkorb. Der übrigens ein Geburtstagsgeschenk von mir an den Mann meiner Mutter war.
Ich war mir sicher, dass alleine ich für den Tod meiner Mutter verantwortlich war. Ich hatte sie zum Einkaufen überredet. Nur wegen mir war sie an die Holzkohle gekommen. Selbst den Feuerkorb hatte ich besorgt.

Mit den Tagen, die vergingen, wuchsen meine Schuldgefühle. Immer mehr Situationen fielen mir ein, in denen ich meiner Meinung nach versagt hatte. Gerade in den letzten Wochen vor dem Suizid meiner Mutter, in denen die Depressionen besonders schlimm wurden, war ich viel zu wenig für sie da, fand ich. Ich hatte so wenig Zeit mit ihr verbracht und ihr nicht meine volle Aufmerksamkeit geschenkt, wenn ich bei ihr war. Ich war zu sehr mit mir selbst und meinem Studium beschäftigt. Als sie in die Klinik gegangen ist, habe ich meine ganze Verantwortung an die Therapeuten abgegeben. Ich habe das Wichtigste, das ich im Leben hatte, in die Hände anderer Menschen gelegt und war nicht weiter darum besorgt. Ich habe meine Mutter zu selten in der Klinik besucht und sie nicht oft genug angerufen.
All diese Vorwürfe habe ich mir gemacht und immer wieder etwas gefunden, um noch einen draufzusetzen.

Es hat einige Monate gedauert, bis ich angefangen habe, diese Vorwürfe aus einem anderen Blickwinkel zu betrachten. Was mir sehr dabei geholfen hat, waren die Gespräche mit Lydia, meiner Therapeutin und Trauerbegleiterin. Gespräche mit anderen, speziell mit Therapeuten, sind der Schlüssel zur Verarbeitung unserer Schuldgefühle.

Meist können auch schon Gespräche mit Familienmitgliedern helfen. Mein Stiefvater und ich haben oft über unsere Schuldgefühle gesprochen. Jeder von uns war sich sicher, schuld zu sein, und genauso sicher, dass den jeweils anderen absolut keine Schuld trifft. So haben wir uns dabei helfen können, unsere Gedanken und Gefühle rauszulassen und uns gegenseitig die Schuldgefühle zu nehmen. Vielleicht hast du auch schon die Erfahrung gemacht, dass es dir ganz leicht fällt, die Vorwürfe der anderen zu entkräften und sie darin zu bestärken, dass sie alles richtig gemacht haben, während du bei deinen eigenen Vorwürfen ein Brett vor dem Kopf hast. Dann kann es helfen, von anderen zu hören, warum du nichts falsch gemacht hast.

Letztendlich kommst du aber nicht drumherum, selbst diesen Standpunkt einzunehmen. Es reicht nicht, das immer nur von anderen gesagt zu bekommen. Du musst selbst überzeugt sein, dass dich keine Schuld an dem Suizid trifft.

Wie gesagt, das ist ein langer Prozess, der bei mir ca. ein Jahr gedauert hat. Aber du kannst ihn durch Gespräche mit Freunden und Familie oder einem Therapeuten beschleunigen. Auch die folgende Übung kann dir dabei helfen.

Schreibe die Vorwürfe auf, die du dir selbst machst. Dann betrachte diese Dinge, die du gesagt oder getan oder eben nicht gesagt oder nicht getan hast, völlig losgelöst von dem Suizid. Erinnere dich daran, warum du dich so verhalten hast. Was war dein Antrieb dahinter? Schreibe auch das auf. Als Nächstes frage dich, ob deine Absicht deinem geliebten Menschen gegenüber gut, schlecht oder neutral war. Du kannst entsprechend ein kleines Plus, Minus oder einen Kreis hinter die jeweilige Notiz machen.

Zum besseren Verständnis hier ein Beispiel:

Vorwurf	Absicht	Bewertung
Mama ist an die Holzkohle für ihren Suizid gekommen, weil ich sie zum Einkaufen überredet habe.	Ich wollte mit ihr einkaufen gehen, damit sie das Haus verlässt. Es war schönes Wetter und ich wollte ihre Laune aufheitern.	+

Wenn du es schaffst, dein Handeln wirklich neutral und losgelöst von deinen Schuldgefühlen zu bewerten, wirst du nun viele Plus und Kreise vor dir sehen.
Du wolltest nur das Beste für deinen geliebten Menschen. Dein Verhalten hat den Suizid nicht begünstigt, wenn überhaupt, hätte es ihn verhindern können.
Wenn dein Blatt gerade noch viele Minus aufweist, mach die Übung einfach in ein paar Wochen nochmal und schau, wie sich deine Bewertung verändert.

Früher oder später, wirst du verinnerlichen, dass du nur das Beste für deinen Angehörigen und dich wolltest.
Manchmal mag dir deine Absicht vielleicht egoistisch erscheinen, so wie ich manchmal einfach Zeit für mich alleine haben wollte, um mich auf mein Studium konzentrieren zu können. Ich habe mir Vorwürfe gemacht, dass ich mein Studium über meine Mutter gestellt habe. Aber so ist das nicht.

Wir konnten nicht damit rechnen, dass sich unsere Lieben suizidieren würden und wir hätten nicht für sie da sein können, wenn wir nicht in erster Linie für uns selbst dagewesen wären.
Wir haben auch ein eigenes Leben und es hilft weder uns noch unseren Angehörigen, wenn wir das komplett vernachlässigen, um für den anderen da zu sein. Damit würde es uns auf Dauer schlecht gehen und irgendwann wären wir selbst nicht mehr in der Lage, uns um den anderen zu kümmern.
Selbstfürsorge ist ein sehr wichtiger Punkt. Es ist absolut legitim und sogar notwendig, dass wir uns in erster Linie um uns selbst sorgen. Nur so können wir effizient für andere da sein.

Es gab noch eine weitere Erkenntnis, die mir dabei geholfen hat, meine Schuldgefühle loszuwerden:
Ich bin nicht alleine.
In der Regel gibt es weitere Familienmitglieder und Freunde, die sich um den Suizidenten gekümmert haben. Wenn die Selbstvorwürfe stärker wurden, habe ich mir das wieder ins Gedächtnis gerufen.
Ja, vielleicht war meine Fürsorge alleine wirklich nicht genug. Aber ich war nicht alleine! Wenn ich sie mal nicht angerufen habe, haben ihre Freundinnen oder ihre Brüder mit ihr telefoniert und wenn ich sie nicht besuchen konnte, war jemand anderes bei ihr.
Gemeinsam haben wir sie nicht im Stich gelassen!
Wir haben alles getan, um für sie da zu sein, und dass es nicht gereicht hat, um den Suizid zu verhindern, liegt nicht daran, dass wir versagt haben, sondern daran, dass die Krankheit zu schlimm war. Gegen manche Krankheiten können wir nichts ausrichten, nicht einmal die besten Ärzte.

Meine Selbstvorwürfe ablegen

Vorwurf	Absicht	Bewertung

Vorwurf	Absicht	Bewertung

Vorwurf	Absicht	Bewertung

Vorwurf	Absicht	Bewertung

Vorwurf	Absicht	Bewertung

Vorwurf	Absicht	Bewertung

Schuld am Leben

Es kann passieren, dass sich unsere Schuldgefühle über den Suizid hinaus ausdehnen. Gerade wenn wir in der Vergangenheit des Verstorbenen herumstöbern, kommt uns vielleicht irgendwann der Gedanke, dass wir Schuld daran tragen, dass das Leben des Verstorbenen nicht so war, wie er es gerne gehabt hätte, und die Depressionen so überhaupt erst entstehen konnten.
Wieso haben wir nicht dazu beigetragen, dass das Leben des Verstorbenen ein Besseres war?
Egal, ob wir unseren Partner, unser Kind, ein Elternteil oder einen guten Freund verloren haben, wir denken, dass wir in unserer Rolle versagt haben.
Haben wir uns zu oft gestritten?
War ich nicht genug für den anderen da?
Habe ich ihm nicht geholfen, seine Träume zu verwirklichen?
Habe ich ihm nicht genug Liebe gegeben?
Wäre er ohne mich besser dran gewesen?
Habe ich sein Leben nur begrenzt?

Ich habe mich lange Zeit gefragt, ob meine Mutter ohne mich ein glücklicheres Leben geführt hätte.
Ich war nicht geplant. Meine Eltern heirateten erst, als sie erfuhren, dass ich unterwegs war. Fünf Jahre später trennten sie sich wieder. Ich hatte das Gefühl, dass ich schuld an dieser gescheiterten Ehe war. Nicht daran, dass sie scheiterte, sondern daran, dass meine Eltern überhaupt erst geheiratet hatten. Ich glaube nicht, dass sie geheiratet hätten, wenn ich nicht unterwegs gewesen wäre. Darum fühlte ich mich dafür verantwortlich, dass zwei Menschen, die nicht füreinander geschaffen waren, fünf Jahre lang in einer Beziehung

gelebt haben, die sie nicht glücklich machte. Ich redete mir auch ein, dass dies der Auslöser für Mamas Depressionen gewesen sei. Manchmal denke ich, wir Menschen geben uns einfach gerne die Schuld an allem.

Wenn du ähnliche Gedanken wie diese kennst, versuche dir möglichst kritische Fragen zu stellen und diese, so ehrlich du kannst, zu beantworten. Ohne dir Antworten zurechtzulegen, die deine Schuld untermauern.

Ich habe mich gefragt, ob ich schuld daran war, geboren zu werden. Die Antwort ist selbstverständlich nein. Meine Eltern hätten ordentlich verhüten können, wenn sie kein Kind hätten haben wollen. Und selbst wenn dies der Fall war, die Verhütung aber versagt hat, hätten sie mich abtreiben oder zur Adoption freigeben können. Niemand hat sie gezwungen, mich zu behalten. Schon gar nicht ich.

Hätten meine Eltern heiraten müssen? Nein. Auch wenn es Anfang der 90er bei uns auf dem Dorf vielleicht noch eher verpönt war, ein Kind zu kriegen, wenn man nicht verheiratet war, halte ich trotzdem weder meinen Vater noch meine Mutter für Menschen, die ihr Leben danach ausrichten, was andere Leute denken.

Bin ich daran schuld, dass meine Eltern nicht glücklich miteinander wurden? Nein. Wenn überhaupt, habe ich vielleicht dafür gesorgt, dass sie etwas länger glücklich miteinander waren, als sie es ohne mich gewesen wären.

Bin ich schuld an der Trennung meiner Eltern? Ebenfalls nein. Jedoch beziehen Kinder vieles sehr schnell auf sich und bei der Trennung war ich gerade mal fünf Jahre alt.

Kinder, bei denen sich ein Elternteil das Leben genommen hat, kommen zum Beispiel zu Schlussfolgerungen wie: „Wenn ich in der Mathearbeit keine 5 geschrieben hätte, hätte Papa sich nicht das Leben genommen." Darum denke ich, dass ich als Kind auch geschlussfolgert habe, dass meine Eltern sich wegen mir getrennt haben und diese Schlussfolgerung gespeichert wurde. „Ich bin nicht gut genug." Im Erwachsenenalter hat man dann vielleicht keinen bewussten Zugriff mehr auf solche gespeicherten Informationen, aber sie sind noch da und beeinflussen uns, ohne dass wir es merken.

Daher war es für mich so wichtig, als Erwachsene noch einmal einen möglichst objektiven Blick auf die Vergangenheit zu werfen und die Dinge neu zu bewerten.

Ich musste mir wirklich Schritt für Schritt bewusstmachen, dass mich keine Schuld trifft.

Dafür habe ich mich zum Beispiel mit Freundinnen von Mama und meinem Vater darüber unterhalten, wie Mama auf die Nachricht reagiert hat, dass sie schwanger war.

Ich habe wieder gelernt, wie wichtig ich für meine Mutter war und wie glücklich ich sie gemacht habe. Heute denke ich sogar, dass meine Mutter vielleicht keine 50 Jahre alt geworden wäre, wenn es mich nicht gäbe.

Der Seelenkrebs

"Depression is such a cruel punishment. There are no fevers, no rashes, no blood tests to send people scurrying in concern, just the slow erosion of self, as insidious as cancer. And like cancer, it is essentially a solitary experience; a room in hell with only your name on the door."
(Martha Manning)

Ich weiß, dass ich auf dieses Thema im Verlauf des Buches nun schon öfter eingegangen bin. Es ist mir auch wirklich sehr wichtig. Daher bekommt der „Seelenkrebs" an dieser Stelle ein eigenes Kapitel.

Mir ist es lange Zeit sehr schwergefallen, den Suizid meiner Mutter als einen Tod infolge einer Krankheit zu sehen. Für mich stand ganz klar ihre Entscheidung im Vordergrund. Sie wollte gehen! Sie hat mich allein gelassen und nicht darüber nachgedacht, was sie mir damit antut! Wie konnte sie das nur tun?!

Das hat mich monatelang so wütend gemacht, dass es mir unmöglich war, ihr zu verzeihen. Meine Schuldgefühle wiederum haben es mir unmöglich gemacht, **mir** zu verzeihen.

Ich war also wütend auf sie und auf mich und eigentlich auf jeden und an eine gesunde Trauerbewältigung war kaum zu denken.

Zum Glück hat Lydia in unseren Gesprächen immer wieder vom „Seeleninfarkt" oder „Seelenkrebs" gesprochen. Generell ist es ihr sehr wichtig, dass psychische und physische Leiden gleichwertig betrachtet werden.

Es hat bei mir fast zwei Jahre gedauert, bis ich diese Ansicht wirklich verinnerlicht hatte, aber seitdem mir das gelingt, geht es mir deutlich besser.

Du kannst damit anfangen, deine Trauer als eine Wunde wahrzunehmen. Gerade anfangs verursacht unsere Trauerwunde so einen großen Schmerz, dass wir uns kaum auf etwas anderes konzentrieren können. Der Alltag wird dadurch zu einer kaum bewältigbaren Aufgabe.
Mit der Zeit bildet sich eine dünne Hautschicht über der Wunde, die aber leider bei jeder zu heftigen Bewegung direkt wieder aufreißen kann. Manchmal möchten wir sie einfach so dick mit Pflastern und Verband abdecken, dass unter keinen Umständen Blut oder Wundwasser durchdringen kann. Aber so kann unsere Wunde leider nicht heilen. Hin und wieder müssen wir den Verband abnehmen, Luft an die Wunde lassen und sie säubern. Wir müssen uns also mit unserer Trauer auseinandersetzen. Es bringt nichts, das Erlebte nur zu verdrängen.
Es dauert Monate bis Jahre, bis unsere Wunde einigermaßen verheilt ist. Eine dicke Narbe bleibt. Die Narbe kann schmerzen und jucken. Verletzen wir uns an der gleichen Stelle wieder, kann sie erneut aufreißen. An den meisten Tagen spüren wir die Narbe gar nicht mehr, aber sie ist da, wird nie ganz verheilen und sich immer mal wieder bemerkbar machen.

Wie du siehst, lassen sich bildliche Parallelen zwischen einer psychischen und einer physischen Verletzung ziehen.
So verhält es sich auch mit der Depression und dem Suizid. Krebs kann einen ans Bett fesseln und handlungsunfähig machen. Wird er nicht behandelt oder schlägt die Behandlung nicht an, breitet er sich im ganzen Körper aus und befällt immer weitere Regionen. Er schwächt den Menschen, bereitet ihm große Schmerzen, bis er letztendlich aufgeben muss und stirbt. Das Gleiche können auch Depressionen mit einem Menschen machen. Die negativen

Gedanken vergiften ihn und breiten sich in ihm aus. Er schafft es irgendwann vielleicht nicht mehr, das Bett oder die Couch zu verlassen. Wird immer trauriger, verzweifelter und schwächer, bis er letztendlich aufgeben muss und stirbt.
Denk bitte immer wieder daran, dass unsere Lieben krank waren. Depressionen sind eine schreckliche Krankheit. Eine Krankheit, die für uns noch nicht so greifbar ist wie Krebs, aber leider genauso tödlich enden kann.
Versuche das auch anderen Menschen klar zu machen. Unsere Lieben sind nicht gegangen, weil sie sterben wollten. Sie waren krank. Benutze dabei ruhig die Begriffe „Seeleninfarkt" oder „Seelenkrebs". Vielleicht hilft es ja, das Verständnis der Menschen für Depressionen und Suizid etwas zu fördern, wenn diese Begriffe etabliert werden. Ich würde es mir wünschen.

Als ich bei einem Seminar für Trauernde war, hatte ich ein Gespräch mit einer Mutter, die ihren Sohn durch einen Autounfall verloren hatte. Wir saßen zu dritt zusammen, bei uns war noch eine Mutter, deren Sohn sich das Leben genommen hatte. Die Mutter des Sohnes, der den Autounfall gehabt hatte, sagte zu uns: „Bei euch ist das ja etwas anderes, eure Lieben wollten ja gehen. Mein Sohn wollte nicht sterben."
In dem Moment konnte ich gar nicht darauf reagieren. Ich fühlte mich verletzt und vor den Kopf gestoßen und konnte ihr nicht darauf antworten.
Heute entgegne ich solchen Menschen, dass sie besser nachdenken sollten, bevor sie so etwas zu sagen. Meine Mutter wollte nicht sterben! Sie war ein lebensfroher Mensch, bevor sie Depressionen bekam. Die Krankheit hat sie umgebracht, es war nicht ihr freier Wille zu gehen.

Versöhnung

Im letzten Kapitel schrieb ich:
„Ich war also wütend auf sie und auf mich und eigentlich auf jeden und an eine gesunde Trauerbewältigung war kaum zu denken."

Dies ist ein wichtiger Aspekt. Seine Trauer gesund zu verarbeiten, bedeutet auch an den Punkt zu kommen, an dem man sich mit dem Verstorbenen, mit seiner Tat, mit sich selbst und dem Leben wieder versöhnt.
Auf den vorherigen Seiten habe ich dir bereits vermittelt, wie du dich versöhnen kannst. Hast du erst einmal akzeptiert, dass niemand Schuld an dem Ereignis trägt, wird es dir auch leichter fallen, dem Verstorbenen und dir selbst zu vergeben.

Warum ist Versöhnung so wichtig? Weil ich möchte, dass du wieder ein glückliches Leben führen kannst. Wenn du deinen Groll gegen dich, Gott und die Welt in dir behältst, wirst du kaum wieder glücklich werden können.
Du kannst deine Trauer nicht gesund verarbeiten, wenn sie unter Schuld, Wut und Vorwürfen liegt. Diese Gefühle verzerren deine Trauer. Kennst du das noch von früher, als du ein Kind warst, wenn du dich so sehr mit deinem besten Freund gestritten hast, dass du ihn nie wiedersehen wolltest? Egal wie wichtig uns dieser Mensch war, solange wir sauer auf ihn waren, wollten wir nicht mit ihm spielen. Wir wussten ja eigentlich, wie viel Spaß es uns macht, mit ihm zu spielen. Aber wir waren viel zu sauer und verletzt, um positive Gefühle wie Spaß empfinden zu können. „Das wird nie wieder gut", dachten wir. Ohne eine Versöhnung hätten wir wahrscheinlich nie wieder mit ihm gespielt.

Erst nachdem einer von uns den ersten Schritt gemacht hat, auf den anderen zugegangen ist und man sich einig wurde, dass es nicht in Ordnung war, dem anderen sein Spielzeug wegzunehmen, konnten wir wieder unbeschwert Spaß miteinander haben. Erinnerst du dich daran, wie erleichtert du warst, wenn ihr euch endlich wieder vertragen habt?
So ähnlich kannst du dir die Situation jetzt auch vorstellen. So lange du dich nicht versöhnt hast, nimmst du nicht mehr aktiv am Spiel des Lebens teil. Du kannst keine positiven Gefühle empfinden. Dadurch bist du auch nicht imstande zu lernen, dass der Trauerprozess positive Gefühle mit sich bringen kann.
Verschließe dich nicht davor, Positives zu erfahren. Wenn du deinen Verlust und deine Trauer nur mit negativen Gefühlen verknüpfst, wird sich daran auch in Zukunft nichts ändern.

Ich weiß, dass das jetzt sehr hart klingt und du möglicherweise an einem Punkt bist, an dem du für diese Worte noch nicht offen bist. Vielleicht denkst du, dass ich spinne. Vielleicht bist du gerade sauer auf mich, weil ich von dir verlange, positive Gefühle für das schlimmste Ereignis deines Lebens zu entwickeln.
Aber ich verlange gar nicht, dass du das tust. Ich weiß nicht, an welchem Punkt in deiner Trauerarbeit du gerade stehst und ich kann unmöglich irgendetwas von dir verlangen, das du nicht willst. Das möchte ich mir auch gar nicht rausnehmen.
Mein Tipp an dich ist nur, offen dafür zu bleiben, dass du auch in deiner Trauer positive Gefühle haben darfst. Wenn du diese Erfahrung machst, sollst du nicht denken, das sei falsch. Du sollst Freude oder Liebe, die du empfindest, nicht klein machen, weil du ja schließlich gerade trauerst und darum auf gar keinen Fall glücklich sein darfst.

Du darfst glücklich sein!
Und dabei hilft dir Versöhnung.

Abschließend noch ein paar Zeilen zu der Bedeutung von Versöhnung in diesem speziellen Fall. In Kapitel 5 habe ich ja bereits von Vergebung gesprochen. Vergeben geht der Versöhnung voraus. Jemandem vergeben bedeutet, mein Recht auf Rache aufzugeben. Ich gebe dem anderen oder mir selbst keine Schuld mehr und entscheide mich dafür, nach vorne zu blicken, statt mich weiter mit dieser Sache aufzuhalten. Das bedeutet, um jemandem zu vergeben, muss er mir nicht zwangsläufig auch vergeben. Er muss meine Vergebung noch nicht einmal annehmen.
Zu einer Versöhnung gehören hingegen in der Regel mindestens zwei. Das merkt man auch, wenn man Sätze mit den Wörtern bildet.
„Ich vergebe dir."
„Wir haben uns versöhnt."
Um dich mit dir selbst, mit dem Leben oder einem Verstorbenen zu versöhnen, musst du also demnach zwei Positionen einnehmen. Bei einem gewöhnlichen Konflikt ist es wichtig zu erkennen, dass nicht nur eine von beiden Personen Schuld trägt. Man spricht miteinander und schaut, wie es zu dem Konflikt kam. Beide Parteien übernehmen Verantwortung für ihr Handeln und sind im Idealfall bereit, zukünftig etwas daran zu ändern.
Ganz so funktioniert das in unserem Fall natürlich nicht. Für uns ist es wichtig zu lernen, dass niemand die Schuld an dem Tod trägt. Wir vergeben uns und dem Verstorbenen die Fehler, die wir unter Umständen gemacht haben und müssen anschließend den Schritt gehen, unsere Vergebung einmal selbst anzunehmen und uns zudem vorzustellen, dass auch der Verstorbene sie annehmen würde.

Dabei kann dir zum Beispiel ein fiktives Gespräch mit dem Verstorbenen helfen, wie ich es in Kapitel 5 *„Offene Fragen"* beschreibe. Die Versöhnung mit dem Ereignis, mit dem Verstorbenen und mit dir selbst ist eine wahre Erleichterung, die dir sehr guttun und helfen wird.

Zusammenfassung

- Ein Suizid geht in der Regel mit Schuldgefühlen bei den Hinterbliebenen einher, wir fühlen uns schuldig am Tod unseres geliebten Menschen.

- Durch die Schuldgefühle stecken wir in einem Zwiespalt, der die Trauerbewältigung erschwert.

- Versuche deine Selbstvorwürfe aus einem anderen Blickwinkel zu betrachten. Du kannst eine Tabelle anfertigen, in der du deine Vorwürfe auflistest und versuchst, sie neutral zu bewerten.
  Du wirst erkennen, dass du nur das Beste für dich und deinen Angehörigen wolltest.

- Selbstfürsorge ist kein Egoismus, sondern lebensnotwendig, für dich und dein Umfeld.

- Du warst vermutlich nicht die einzige Person, die sich um deinen Lieben gekümmert hat.
  Zusammen wart ihr ein starkes Netzwerk.

- Unter Umständen geben wir uns auch die Schuld an dem „miserablen" Leben des anderen.
  Überprüfe, ob es wirklich so miserabel war und ob du es nicht vielleicht sogar besser gemacht hast.

- Letztendlich trägt niemand die Schuld an dem, was passiert ist.

- Unsere Lieben waren schwerkrank.
  Sie haben nicht entschieden zu gehen, sondern der Seelenkrebs hat sie umgebracht.

- Um das zu verstehen, kann es helfen, zunächst deine Trauer als Wunde zu betrachten.

- Benutze die Wörter „Seelenkrebs" oder „Seeleninfarkt".

- An Vergebung sollte sich Versöhnung anschließen. Die Versöhnung mit dem Ereignis, mit dem Verstorbenen und mit dir selbst wird dir sehr guttun und dich erleichtern.

- Eigene Gedanken: ....
  ....
  ....
  ....
  ....
  ....
  ....
  ....
  ....
  ....
  ....
  ....
  ....
  ....
  ....

7 Wo bist du jetzt?

Um an den Punkt zu kommen, an dem man sich überlegt, wie man den Verstorbenen für sich bewahren kann, muss man zunächst einmal begreifen und akzeptieren, dass der andere gestorben ist.
Ich konnte lange Zeit nicht akzeptieren, dass meine Mama nicht zurückkommen wird, und wollte nicht wahrhaben, dass ich keinen Einfluss mehr auf das Geschehene nehmen konnte.
Nacht für Nacht hatte ich über Monate hinweg immer wieder den gleichen Traum: Meine Mama war wieder da und ich nutzte die Chance, um ihr zu sagen, dass sie sich niemals, unter gar keinen Umständen das Leben nehmen darf. Ich war mir sicher, dass ich die Tragödie so verhindern könne. Zu Beginn des Traumes wunderte ich mich immer darüber, dass Mama wieder da war. Auch im Traum war mir bewusst, dass sie sich doch eigentlich das Leben genommen hatte. Aber dann nahm ich die Umstände einfach als gegeben an und war dankbar für die Chance, die sich mir nun bot. Dankbar, dass ich meine Mutter doch nicht für immer verloren hatte und alles nur ein schlimmer Traum war. Nur leider bin ich irgendwann aufgewacht.
Zwischenzeitlich hatte ich eine längere Phase, in der ich am liebsten nur geschlafen hätte. Meine Träume waren die Realität, die ich mir so sehr wünschte, und die Realität war ein einziger Albtraum. Jeder Morgen brachte die gleiche Härte mit sich, wenn ich aufwachte. Wenn dieser verschwommene Moment zwischen Traum und Realität langsam abebbte und nach und nach die Gewissheit wieder in mein Bewusstsein drang, dass meine Mutter nicht zurückgekommen war. Dass sie immer noch tot war. Jeden Morgen

waren die Panik, die Verzweiflung und der Schmerz die gleichen. Auch außerhalb meiner Träume wollte ich meinen Einfluss auf das Geschehene nicht aufgeben. Unzählige Male diskutierte ich in der Trauerbegleitung darüber, dass ich es hätte verhindern können und egal wie oft ich von Mamas Tod sprach, eine Stimme in meinem Kopf erzählte mir noch monatelang: „Das ist nicht das Ende. Sie wird zurückkommen, gib nicht auf. Wenn du nur lange genug durchhältst, lange genug leidest, dann ist sie irgendwann wieder da. Du darfst nur nicht aufgeben."
Logisch betrachtet wusste ich natürlich, dass das nicht der Fall sein werde, aber trotzdem hielt sich dieser Gedanke ungefähr ein Jahr lang.
Sei nicht beunruhigt, wenn du merkst, dass es dir ähnlich ergeht wie mir. Wenn du das Gefühl hast, dass sich die Erkenntnis nicht einstellen will und du einfach nicht akzeptieren kannst, deinen lieben Menschen verloren zu haben. Wie du siehst, bist du damit nicht alleine. Was du fühlst, ist ganz normal. Du hast einen furchtbaren Verlust erlitten und es fällt deiner Seele schwer, dies zu verarbeiten. Damit du nicht an dem Geschehen zerbrichst, sorgt dein Gehirn dafür, dass die Erkenntnis über die Endgültigkeit des Verlustes ganz vorsichtig, häppchenweise, in dein Bewusstsein dringt. Nach und nach wird die Stimme leiser, die dir sagt, du könntest noch etwas an dem Tod ändern. So kommt Stück für Stück die sichere Erkenntnis, dass man seinen Lieben nicht zurückbekommen wird.

Wo er dann für einen ist, bleibt letztendlich jedem selbst überlassen. Ich habe früher nie an ein Leben nach dem Tod geglaubt. Ich war mir sicher, dass der Tod das Ende unserer Reise ist und es danach absolut nichts mehr gibt. Ich konnte weder an einen Himmel

noch eine Wiedergeburt oder eine unsterbliche Seele glauben. All das widersprach meinem logischen Denken und galt daher für mich als ausgeschlossen.
Als meine Mutter gestorben ist, konnte ich mir nicht mehr vorstellen, dass man mit dem Tod aufhört zu existieren. Ich bin mir sicher, dass sie noch da ist und habe immer wieder das Gefühl, kleine Zeichen von ihr zu bekommen. Zum Beispiel, wenn sich nachts wie von Geisterhand das Rollo vor meinem Wohnzimmerfenster aufrollt, als wolle sie sagen, dass ich endlich ins Bett gehen soll. Ich verstehe, wenn man meint, ich würde zu viel in Zufälle hineininterpretieren. Aber ich habe gelernt, dass es tatsächlich etwas gibt, das unsterblich ist: Liebe. Woran auch immer du glaubst, lass dir deinen Glauben nicht nehmen, und wenn du an nichts glaubst, so wie ich einst, dann lass dir von mir sagen: Liebe kann nicht sterben. Ich hielt das immer nur für eine kitschige Floskel, aber mittlerweile verstehe ich es. Die Liebe meiner Mutter ist immer noch da, das kann ich spüren. Zum Beispiel, wenn ich an sie denke oder von ihr erzähle. Ich glaube, jeder Mensch, dem meine Mutter wichtig war, trägt ein Stück dieser Liebe in sich. So lange wir hier sind, ist auch ihre Liebe hier.

Es gibt so viele schöne Worte zu dem Thema, wo sich unsere Verstorbenen jetzt befinden. Sie haben die Räume gewechselt und sind in unseren Träumen, sie sind im Himmel bei Gott, sie leben in unseren Herzen und Erinnerungen weiter, sie sind auf einer Wolke und geben auf uns Acht, sie sind unsere Schutzengel, sie wohnen auf den Sternen und lachen auf ihnen, sie bleiben an unserer Seite. Such dir den schönsten Ort aus oder nimm direkt alle und bewahre dir das Bild davon. Mal es dir in den buntesten Farben aus.

Für mich ist Mama in meinem Herz, meinen Erinnerungen, in den Wolken, auf den Sternen und im Wind. Jeder Blick in den Himmel, bei Tag und bei Nacht, gilt ihr. Jeder Windhauch, der durch meine Haare weht, lässt mich an sie denken. Du wirst den richtigen Ort für deinen Angehörigen finden. Wahrscheinlich musst du ihn gar nicht suchen, du wirst es einfach wissen.

An meinem Grabe von Heinz Rickal

Da steht ihr nun, wollt mich betrauern
ihr glaubt, dass ich hier unten bin:
ihr mögt vielleicht zunächst erschauern -
doch schaut einmal genauer hin.

Ich bin nicht hier - wie ihr vermutet,
mein Körper mag hier unten sein,
doch während die Musik noch tutet
bin ich schon lang nicht mehr allein.

Seht ihr die Blätter dort im Wind?
Es sind sehr viele - sicherlich -
doch achtet drauf wie schön sie sind;
und eins der Blätter - das bin ich.

Seht die Wolken am Himmel ziehen,
schaut ihnen zu und denkt an mich,
das Leben war doch nur geliehen,
und eine Wolke - das bin ich.

Die Schmetterlinge auf der Wiese,
perfekt erschaffen - meisterlich,
ich bin so fröhlich grad wie diese,
und einer davon - das bin ich.

Die Wellen, die vom Bach getragen,
erinnern sie vielleicht an mich?
Ihr müsst nicht lange danach fragen:
denn eine Welle - das bin ich!

Blumen erblüh'n in all ihrer Pracht
die Rose und selbst der Wegerich,
und alle sind für euch gemacht
und eine Blume - das bin ich.

Ich möchte nicht, dass ihr jetzt trauert,
für mich wär das ganz fürchterlich.
Tut Dinge, die ihr nie bedauert:
Denn Eure Freude - das bin ich!

Muss ich loslassen?

"Never say goodbye because goodbye means going away and going away means forgetting."
(J.M. Barrie, Peter Pan)

Den Suizid zu akzeptieren, heißt nicht, mit ihm abzuschließen. Mit dem Suizid eines geliebten Menschen können wir nicht einfach abschließen. Wir können nicht einfach alles verarbeiten, es dann gut sortiert in eine Kiste packen, die Kiste weglegen und mit dem Tod dieses Menschen abschließen, das geht nicht. Wir können unsere Gedanken und Gefühle sortieren und vielleicht schaffen wir es irgendwann, sie geordnet in eine Kiste zu stecken. Aber diese Kiste holen wir immer wieder hervor. Wir sortieren Dinge neu, vielleicht fällt sie uns mal herunter, sodass alles durcheinandergerät und wir mit dem Sortieren von vorne beginnen müssen. Immer wieder schleicht sich die Kiste in unsere Gedanken, immer wieder will sie geöffnet und begutachtet werden. Wir wachen nicht eines Tages auf und haben mit unserem Verlust abgeschlossen. Wir lernen nur, ihn zu akzeptieren und damit zu leben.

Dennoch hält sich bis heute die Redewendung „Du muss loslassen". Uns wird erzählt, dass wir nach vorne und nicht zurückschauen sollen oder dass wir den Verstorbenen gehen lassen müssen. Das sei nötig, um wieder ein glückliches Leben führen zu können. „Du kannst ihr doch nicht für den Rest deines Lebens hinterhertrauern." Einen ähnlichen Satz musstest du dir vielleicht auch schon anhören.
Loslassen würde sich für mich nicht richtig anfühlen. Mama „loszulassen" hieße doch nichts anderes, als sie schon wieder zu verlie-

ren. Warum soll ich das letzte Bisschen, das ich noch von ihr habe, aufgeben? Ich finde es viel wichtiger, sie festzuhalten. Die Leute daran zu erinnern, dass es sie gab und was für ein toller Mensch sie war.

Das Konzept des Loslassens, um mit dem Verstorbenen und der eigenen Trauer abschließen zu können, ist leider heute noch häufig Teil der Trauerarbeit. Es beruht jedoch auf einer Theorie Sigmund Freuds, die er selbst einige Jahre nach ihrer Veröffentlichung anhand einer persönlichen Erfahrung widerlegt hat.
Auch in den Köpfen vieler Trauernden scheint es fest verankert zu sein, dass jemand, der zu lange trauert, in seiner Trauer gefangen ist und kein neues Leben beginnen kann.
Du musst aber gar kein neues Leben beginnen. Dein Leben ist durch deinen Verlust bereits ein anderes geworden. Das reicht doch erstmal oder? Du musst nicht direkt den nächsten Cut setzen. Warum solltest du den Verstorbenen und seine Liebe aus deinem Leben ausschließen? Die Liebe desjenigen bleibt und sein Platz wird auch immer ihm gehören. Das darf und das soll auch so sein. Es wird dir nicht schaden, sondern guttun.

In meiner Trauerbegleitung war zum Glück nie die Rede von „Loslassen". Irgendwann sollte man den Raum des Verstorbenen etwas begrenzen, ihm einen besonderen Platz geben, damit man zuhause nicht überall auf Erinnerungen an ihn stößt. Aber ihn loslassen musst du nicht, niemals.

Raum schaffen

Vielleicht ist dir das auch schon passiert: Du suchst etwas, kramst durch deine Schränke und auf einmal fällt dir etwas in den Schoß, das dich an den Verstorbenen erinnert. Ein Foto vielleicht oder etwas, das er dir früher einmal geschenkt hat. Es trifft dich wie ein Schlag. Mit einem Mal ist die Trauer wieder voll da. Der Schmerz breitet sich von deinem Innersten bis in die Fingerspitzen aus. Dein Magen krampft sich zusammen. Du bekommst keine Luft.
Manchmal brauche ich Stunden, um aus diesem Zustand wieder herauszukommen.

Solche Momente sind natürlich nicht falsch. Eher im Gegenteil. Man muss der Trauer immer wieder genug Raum geben und wenn sie sich auf diese Weise einfach selbst ihren Raum nimmt, kann man das nutzen. Ich packe dann zum Beispiel alte Fotoalben aus, höre traurige Musik und lasse meinen Tränen ihren Lauf. So kann ich die ganze aufgestaute Trauer rauslassen. Danach geht es mir erst einmal besser.
Trotzdem möchte man natürlich nicht immer unvorbereitet von seinen Gefühlen übermannt werden. Das ist in manchen Situationen auch schlichtweg unpassend. Morgens vor der Arbeit möchte ich zum Beispiel eher ungerne zwei Stunden damit verbringen, meinen Taschentuch-Vorrat zu minimieren, um dann mit Panda-Augen vor meine Chefin zu treten.

Was ich damit sagen will, ist, es kommt irgendwann die Zeit, in der du damit beginnen solltest, deinem geliebten Menschen einen bestimmten Platz in deinem Zuhause zuzuweisen. Diesen Raum solltest du nicht zu groß wählen, damit du nicht zu viel aufbewahrst.

Mir fällt es noch immer sehr schwer, Dinge zu entsorgen, die mich an meine Mutter erinnern. Seien es Kleidungsstücke von ihr oder Geschenke, die sie mir gemacht hat. Selbst bei T-Shirts, die sie mir vor Jahren beim gemeinsamen Shoppen gekauft hat, neige ich eher dazu, sie zum Schlafen zu behalten, als dass ich sie wegschmeißen würde.

Das birgt aber die Gefahr, dass man eine Art „Trauer-Messi" wird. Alles, was man irgendwo findet, das einen an den Verstorbenen erinnert, will man behalten. Die Sachen werden einem nahezu heilig. Kleidung verschließt man luftdicht, damit der Geruch erhalten bleibt. Geht einem etwas kaputt, fühlt es sich an, als verliere man ein Stück seines geliebten Menschen.

Ich kann dieses Verhalten nachvollziehen, aber es hilft nicht weiter. Ein Pullover, den meine Mutter gerne getragen hat, erinnert mich zwar daran, dass sie ihn mochte und vielleicht verbinde ich auch ein, zwei besondere Ereignisse mit ihm, aber da hört es dann schon auf.

Wenn wir jedes Kleidungsstück und jeden Gegenstand aufbewahren, wird das Gepäck, das wir unser Leben lang mit uns rumschleppen, noch größer. Damit meine ich nicht nur das physische, sondern auch das psychische Gepäck. Zu viel davon belastet uns. Versuche dein Gepäck und den Raum für den Verstorbenen daher möglichst klein zu halten.

Ich habe zum Beispiel eine Ecke in meinem Büro, in der viele Fotos von Mama und mir hängen. Dort steht auch eine Kiste, ca. 30 x 40 x 60 cm groß, in der ich unter anderem Fotos, Kleidung oder Parfüm von Mama aufbewahre.

Ich habe mich für das Büro entschieden, da ich mich in diesem Raum am wenigsten aufhalte. Zudem habe ich die Fotos so aufgehängt, dass man sie beim Betreten des Zimmers nicht direkt sieht.

Wenn ich sie mir anschaue, dann ganz bewusst. Dann setzte ich mich auf meinen Schreibtisch und blicke auf die Wand dahinter, an der die Fotos hängen. Ich setze mich auch ganz bewusst auf den Schreibtisch und nicht auf den Schreibtischstuhl, damit sich dieses ganze Ritual von meinen gewöhnlichen Tätigkeiten abhebt.

Das heißt nicht, dass du alle anderen Fotos wegräumen musst. Aber es kann belastend sein, den Verstorbenen immer und überall vor Augen zu haben. Er ist so oder so täglich in unseren Gedanken, egal ob in jedem Raum ein Foto steht oder nicht. Es ist nicht schlimm, wenn du einige der Fotos wegräumst. Du musst nicht das Gefühl haben, deinen geliebten Menschen dadurch zu hintergehen. Aber natürlich musst du genauso wenig jedes Foto an den „besonderen Platz" verbannen. Versuche, den richtigen Weg für dich selbst zu finden, und darauf zu achten, was dir guttut und was dich eher belastet.

Ich habe auch weiterhin ein Foto von meiner Mutter im Wohnzimmer stehen und einige ihrer Kleidungsstücke haben ihren Weg in meinen Kleiderschrank gefunden. Außerdem trage ich jeden Tag einen Ring von ihr, den sie sich vor Jahren im Urlaub in Griechenland gekauft hat.

Daneben gibt es noch ein paar weitere Dinge von ihr, die ich regelmäßig benutze.

Aktuell habe ich auch noch zwei Umzugskartons mit ihren Hinterlassenschaften, von denen ich mich noch nicht trennen konnte. Mein Ziel ist es aber, mich wirklich auf die erwähnte Kiste zu beschränken und alles darüber hinaus zu entsorgen. Ich möchte nicht mein Leben lang mit zwei Umzugskartons herumreisen, in die ich doch nie wieder hineinschaue, aus Angst es könnte weh tun.

Ich habe mich relativ früh von Mamas Auto getrennt. Anfangs bin ich es selbst gefahren und wollte es gerne behalten. Es hat mich so sehr an sie und ihre unzähligen Besuche bei mir erinnert. Aber irgendwann tat es nur noch weh. Ich hatte das Auto bei mir unter dem Carport stehen und immer, wenn ich nach Hause gekommen bin und es dort habe stehen sehen, war mein erster Gedanke: „Ah, Mama ist da!", gefolgt von: „Nein, Mama ist tot."
Wenn man dieses Spielchen mindestens fünfmal die Woche mitmacht, geht einem doch ziemlich schnell die Puste aus. Letztendlich habe ich mich daher dafür entschieden, das Auto zu verkaufen. Unter der Voraussetzung, dass es möglichst weit wegkam. Mama fuhr einen gelben Mini Cooper S mit schwarzen Rallystreifen. Nicht gerade unauffällig. Ich hatte Angst, das Auto regelmäßig hier im Ort auf der Straße zu sehen. Jetzt dreht es irgendwo im Süden Deutschlands seine Runden.
Auch an so etwas solltest du bei deinen Entscheidungen denken: Dinge zu verkaufen oder zu verschenken bedeutet auch, sie möglicherweise überraschend wiederzusehen. Überlege dir gut, ob du damit umgehen könntest.

Versuche dir ein Ziel zu setzen, wie viel du wirklich behalten möchtest. Bewahre die liebsten Teile des Verstorbenen oder das, was dich am meisten an ihn erinnert, am besten ganz nah bei dir. Dabei kannst du auch kreativ werden. Hast du zum Beispiel als Frau eine männliche Person verloren, könntest du Manschettenknöpfe einschmelzen und daraus Ohrringe machen lassen.
Versuche deine Auswahl an Dingen auf wirklich wichtige bzw. emotional besonders wertvolle zu beschränken und nicht jede Socke und jedes Taschentuch des Verstorbenen aufzubewahren.

Es gibt auch hier natürlich kein Richtig und Falsch. Was für den einen schon zu viel Gepäck ist, ist für den anderen vielleicht gerade genug. Du wirst die richtige Größe für dich finden.

Richte dir einen besonderen Platz für den Verstorbenen bei dir zuhause ein, an dem du dir die Zeit nehmen kannst zu trauern, wann immer du möchtest. Nutze dafür am besten einen Ort, an dem du dich nicht täglich aufhältst, und arrangiere dort die schönsten Fotos und die wichtigsten Erinnerungsstücke.
Trenne dich von den Dingen, die du nicht brauchst und ganz besonders von denen, die dir weh tun.

Nicht vergessen

Was mich immer wieder beschäftigt ist die Vorstellung, jemand könnte Mama vergessen. Eigentlich weiß ich, dass das nicht passieren wird, aber mir ist es trotzdem wichtig, an Mama zu erinnern. Zum Beispiel, wenn bei Familienfeiern ihr Lieblingslied läuft oder einfach so, ohne konkreten Anlass. Ich möchte, dass wir weiterhin über Mama sprechen. Aus ihr soll kein Tabuthema werden, das niemand auszusprechen wagt. Niemand soll denken, dass er das Thema Mama in meiner Gegenwart umgehen muss, weil es mich verletzen könnte. Denn genau das Gegenteil ist der Fall: Es verletzt mich, wenn nicht mehr über Mama gesprochen wird.
Falls es dir damit ähnlich ergeht, du den Eindruck hast, dass dein Umfeld dem Thema eher ausweicht und dich das stört, dann scheue nicht, es selbst immer wieder anzusprechen. Hast du diese Barriere erst einmal durchbrochen, werden die anderen schnell feststellen, dass das absolut okay ist und deinem Beispiel folgen. Wenn dein Umfeld versucht zu vermeiden, über den Verstorbenen zu reden, dann wahrscheinlich nur, weil sie denken, sie würden dir damit helfen. Sie können nicht wissen, wie es in dir aussieht. Du musst es ihnen sagen.

Ein anderer wichtiger Punkt zum Thema „Vergessen" ist der, dass unser Gedächtnis leider nicht unendlich viel Speicherplatz besitzt. Nach und nach wirst du immer mehr von deinem Angehörigen vergessen. Um dem entgegenzuwirken, helfen natürlich Fotos, Videos, alte Tagebücher und andere, bereits existierende Aufzeichnungen. Für alles, das nicht bereits in irgendeiner Form konserviert wurde, gibt es eine ganz einfache Möglichkeit sich für immer daran zu erinnern: Schreiben.

Darum versuche so viel zu schreiben, wie du kannst. Schreib alles auf, woran du dich erinnerst und was dir wichtig ist. Gemeinsame frühere Erlebnisse, aber auch, was du jetzt gerade erlebst. Schreib über die letzte Zeit vor dem Suizid; über den Tag des Suizids; wie du ihn erlebt hast, wer wann wo war, wie du die Nachricht bekommen hast; einfach alles. Und natürlich über die Zeit nach dem Suizid. Wie ging es dir direkt danach; wie geht es dir jetzt; wie laufen deine Tage ab; wer war alles bei dir, um dir sein Beileid auszusprechen; wie verändert sich dein Gemütszustand im Laufe der Monate? Nutze jede freie Zeit, um möglichst viel zu schreiben.

Ich habe bereits nach wenigen Monaten beim Durchlesen meiner Notizen gemerkt, wie schnell ich Erlebtes wieder vergessen habe. Gerade jetzt, da du permanent unter emotionalem Stress stehst und alles eher wie in einem Film an dir vorbeirauscht, wirst du vieles vergessen.

Ich habe auf meinem Laptop zwei Dateien angelegt. Eine heißt *„Erinnerungen"*, hier schreibe ich über früher. Über besondere Ereignisse mit oder im Zusammenhang mit Mama, die mir im Gedächtnis geblieben sind.

Die andere Datei heißt *„Meine Gedanken"* und ist eine Art Tagebuch über die erste Zeit nach Mamas Suizid. Einen Auszug daraus hast du bereits in Kapitel 6 *„Die Frage nach der Schuld"* lesen können.

Nimm dir einen Stift oder setze dich an den Computer und schreib, schreib, schreib. Wenn du möchtest, fang doch direkt auf der nächsten Seite damit an.

Meine Gedanken und Erinnerungen

7 Wo bist du jetzt?

Falls du nicht gerne viel schreibst, habe ich noch eine andere Idee: Schnapp dir ein Mikrofon und einen Audiorekorder oder ganz einfach dein Smartphone und nimm deine Stimme auf. Du kannst einfach drauflos erzählen, alles aufnehmen, was dir durch den Kopf geht, und bei Bedarf jederzeit wieder anhören. Du kannst deine Erzählungen thematisch oder zeitlich sortieren und daraus zusammenhängende Podcasts schneiden, die du vielleicht sogar mit anderen teilen möchtest.

Du kannst dich natürlich auch filmen und eine Art Video-Tagebuch führen. Das ist nochmal eine Spur intimer. Sei bitte generell mit deinen Aufnahmen vorsichtig. Veröffentliche nichts unüberlegt. In erster Linie machst du das schließlich für dich. Es soll dir helfen, deine Trauer zu verarbeiten und deine Erinnerungen zu konservieren.

Vergiss nicht, alles so zu benennen oder ein Verzeichnis anzulegen, dass du jederzeit die gewünschten Inhalte wiederfindest.

Zusammenfassung

- Es ist ganz normal, dass es lange dauert, bis du den Tod deines lieben Menschen akzeptierst. Du hast einen furchtbaren Verlust erlitten und es fällt deiner Seele schwer, dies zu verarbeiten.

- Damit du nicht an dem Geschehen zerbrichst, sorgt dein Gehirn dafür, dass die Erkenntnis über die Endgültigkeit des Verlustes ganz vorsichtig, häppchenweise, in dein Bewusstsein dringt.

- Du musst nicht loslassen, niemals.

- Schaffe einen besonderen Platz für den Verstorbenen in deinem Zuhause.

- Bewahre nicht jedes kleine Teil auf, das dich an ihn erinnert.

- Schreibe deine Erinnerungen und Gedanken auf, um nichts zu vergessen.

- Eigene Gedanken: ....
  ....
  ....
  ....
  ....
  ....
  ....

8 Weiterleben

Wir sind beim letzten Kapitel angelangt. Ab jetzt soll dein Blick in Richtung Zukunft gehen. Du sollst weiterleben, und ich meine wirklich **leben**, nicht einfach nur existieren. In der Zukunft sollst du wieder ein glückliches und erfülltes Leben haben.

Deine Trauer wird ein Teil deines Lebens bleiben. Was du erlebt hast, hat dich verändert und wird auch dein zukünftiges Handeln und Fühlen maßgeblich beeinflussen. Trotzdem wirst du wieder glücklich sein.

Das passiert aber nicht einfach so von alleine. Man sagt zwar: „Die Zeit heilt alle Wunden", aber eigentlich kann Zeit alleine nicht allzu viel an deinem Zustand ändern. Es liegt an dir, aktiv zu werden und dich mit deiner Trauer auseinanderzusetzen. Dieses Buch zu lesen war ein guter, erster Schritt. Falls du bisher nur vereinzelte Kapitel gelesen hast, möchte ich dich dazu anhalten, wirklich das ganze Buch zu lesen und nicht nur die Kapitel, die dich besonders interessieren.

Die leeren Seiten des Buches zu füllen, ist ein guter, zweiter Schritt. Der Nächste kann sein, möglichst viele Ratschläge, die ich dir mit auf den Weg gegeben habe, zu verinnerlichen und in die Tat umzusetzen.

Dieses letzte Kapitel greift dazu einige Punkte des Buches noch einmal auf und dient wie eine kleine Zusammenfassung. Wundere dich also nicht, wenn du an manchen Stellen das Gefühl hast, du hättest das schon mal gelesen.

Ich wünsche mir außerdem, dass du auf dich achtgibst. Wenn du merkst, dass sich dein Gefühlsleben auch nach Monaten nicht verbessert, und du möglicherweise in eine Depression abrutscht, such dir bitte möglichst schnell professionelle Hilfe. Anlaufstellen dafür können neben Psychologen und Therapeuten auch die Caritas, die Diakonie oder die Stiftung Deutsche Depressionshilfe sein.

Mögliche Warnhinweise für eine Depression können sein:

- Freudlosigkeit
- Schlafstörungen
- Antriebslosigkeit, Hoffnungslosigkeit
- Konzentrationsschwierigkeiten, Vergesslichkeit
- Vermeidung von sozialen Kontakten
- Suchtverhalten
- Perfektionismus, Versagensängste
- Schuldgefühle
- Verdauungsprobleme
- Rückenschmerzen

Das Problem hierbei ist, dass die Auswirkungen der Trauer sich größtenteils mit den Symptomen von Depressionen decken. Zu unterscheiden, ob man sich noch im normalen Trauerprozess befindet oder die Trauer schon in eine Depression übergegangen ist, kann daher schwierig sein. Solltest du nur den leisesten Verdacht hegen, dass du auf eine Depression zusteuerst, möchte ich dir raten, dir Hilfe bei den oben genannten Anlaufstellen zu suchen.

Ist erlaubt!

Ja, weiterleben ist erlaubt! Das ist eine wirklich gute Nachricht oder?
Du hast vielleicht das Gefühl, dass von dir erwartet wird, von nun an dein Leben lang zu trauern. Oder vielleicht hast du diese Erwartung an dich selbst. Vielleicht denkst du, das sei nötig, um deinem lieben Menschen den nötigen Respekt zu erweisen.
Möglicherweise erzählt dir eine Stimme in deinem Kopf, dass es falsch sei, glücklich zu sein, obwohl du eigentlich traurig sein müsstest.

Da darfst weiterleben und du darfst glücklich sein. Du warst dem Menschen, den du verloren hast, wichtig und er würde wollen, dass es dir gut geht und du ein langes, erfülltes Leben hast. Auch die Menschen in deinem näheren Umfeld sehen dich gerne glücklich. Niemand möchte, dass es dir schlecht geht. Niemand erwartet, dass du dein Leben lang trauerst. Ganz im Gegenteil, die meisten Menschen denken viel zu schnell, dass es einem wieder bessergeht.
Du musst dich nicht für Momente schämen, in denen es dir gutgeht, auch wenn der Suizid erst kurze Zeit zurückliegt.
Wir richten uns oft viel zu sehr danach, was andere Menschen von uns denken könnten. In Wahrheit denken Andere jedoch bei weitem nicht so oft über uns nach, wie wir glauben. Und selbst wenn sie es täten, betrachte das mal ganz neutral: Warum sollte irgendjemand wollen, dass du traurig bist? Selbst einem völlig Fremden wünscht man doch eher, dass es ihm gut geht, als dass es ihm schlecht geht. Wenn es dir gut geht, geht es auch deinem nächsten Umfeld besser.

Dein geliebter, verlorener Mensch hatte keine Kraft mehr, um weiterzuleben. Aber du kannst das für ihn übernehmen. Du kannst all die glücklichen Momente erleben, die er leider verpasst. Wenn du erschöpft und traurig bist, stell dir vor, wie in deiner Brust nun zwei Herzen schlagen. Du kannst dein Leben für euch beide leben, mit doppelt so viel Kraft und Wärme.
Mir hilft dieser Gedanke. Wenn ich mich alleine fühle und traurig darüber bin, den Rest meines Lebens ohne meine Mutter verbringen zu müssen, denke ich daran. Die Vorstellung, für uns beide weiterzuleben, gibt mir Kraft und ermutigt mich, mein Leben mit möglichst viel Glück und Liebe zu füllen. An meinem letzten Tag will ich sagen können, dass ich ein so erfülltes Leben hatte, voll positiver Erfahrungen und Gefühle, dass es für zwei Menschen gereicht hat.

Wie?

Über einen wichtigen Bereich zum dem Thema habe ich bereits in Kapitel 7 geschrieben. Du solltest dem Verstorbenen irgendwann einen Platz zuweisen und nicht überall im Haus Erinnerungen verstreut haben. Du musst ihn auf keinen Fall loslassen, aber du solltest auch nicht jedes kleine Teil aufheben, das dich an ihn erinnert. Schaffe einen besonderen Platz für ihn bei dir zuhause, wo du Fotos und andere Erinnerungen aufbewahrst und ungestört trauern kannst.

Auch auf das Thema schreiben bin ich schon oft eingegangen. Egal, ob Erinnerungen, Träume, Tagebuch, Gedichte oder fiktive Geschichten: Schreib so viel du kannst und möchtest. Schreib einfach alles auf, was dich beschäftigt oder berührt. Egal, ob es seitenlange, detailreiche Ausführungen oder nur kurze Stichpunkte sind. Es wird dir helfen. Schreiben ist eine Möglichkeit, Gedanken zu verarbeiten und sie gleichzeitig zu konservieren. Du schlägst also zwei Fliegen mit einer Klappe.

Simpel und trotzdem unglaublich wichtig ist auch folgender Punkt: Nimm dir ausreichend Zeit für deine Trauer.
Selbst heute, nach über zweieinhalb Jahren, merke ich, dass es mir schlechter geht, wenn ich mich längere Zeit nicht mit meinem Verlust auseinandersetze.
Wenn ich viel Stress habe und aufkommende Gefühle der Traurigkeit herunter schlucken und verdrängen muss, wirkt sich das immer auf meine Psyche aus. Früher oder später kommt der Punkt, an dem ich nicht mehr kann und alles aus mir herausbricht. Meistens meldet sich auch spätestens dann mein Körper zu Wort und teilt

mir mit, dass meine Kraftreserven aufgebraucht sind, indem ich krank werde.
Ich war einmal bei einem Seminar für Angehörige um Suizid, bei dem zwei Teilnehmer davon erzählten, wie einfach ihnen der Alltag im ersten Jahr gefallen sei. Sie stürzten sich in die Arbeit und verdrängten ihre Trauer. Beide erhielten nach ungefähr einem Jahr die Quittung dafür: Depressionen. So schlimm, dass sie zur Therapie in eine Klinik mussten. Trauerarbeit ist unglaublich wichtig und sollte auf keinen Fall unterschätzt oder als nebensächlich betrachtet werden!
Darum versuche ich immer darauf zu achten, meiner Trauer genug Zeit und Raum zu geben. In den ersten Wochen und Monaten war das natürlich deutlich mehr als heute.
Ich versuche, sie so selten wie möglich zu ignorieren. Wenn mir die Tränen kommen, nehme ich mir die Zeit, an Mama zu denken, Fotos oder Videos anzuschauen, Musik zu hören oder zu schreiben. Und ich weine mich aus, so lange bis keine Tränen mehr kommen.
Eine andere Möglichkeit, sicherzustellen, dass man der Trauer genug Zeit und Raum gibt, sind Rituale. Zum Beispiel feste Verabredungen mit dem Verstorbenen. Man kann sich morgens, nach dem Frühstück, noch etwas Zeit nehmen, um mit dem Verstorbenen zu sprechen oder zu schreiben. Ihm davon zu erzählen, wie es einem geht und was man sich für den Tag vorgenommen hat.
Oder man erzählt ihm abends von seinem Tag und wünscht ihm eine gute Nacht. Solche Rituale können beim Einschlafen helfen, da man auf diese Weise seine Gedanken sortiert und verarbeitet und sie nicht mit ins Bett nimmt. So schließt man den Tag ab.
Ich habe mich eine Zeit lang einmal die Woche hingesetzt, mir alte Fotos angeschaut und an meine Mutter gedacht.

Es geht vor allem darum, dass es eine feste Zeit gibt, zu der man sich regelmäßig und bewusst mit seiner Trauer auseinandersetzt. In der ersten Zeit vollzieht man diese Rituale vielleicht täglich, nach einer Weile dann wöchentlich und irgendwann monatlich, bis man sie gar nicht mehr braucht.

Wenn du dich fragst, „wie" du weiterleben sollst, ist es wichtig, darauf zu vertrauen, dass du irgendwann wieder glücklich sein wirst. Ich erzähle dir das so oft, damit du es verinnerlichst. Ich möchte, dass du keinen Zweifel daran hast, dass die Gefühlslage, in der du dich gerade befindest, vorübergehend und nicht von Dauer ist.
Außerdem ist es wichtig, dass du deine Trauer nie zu etwas machst, was sie nicht ist. Versuche den Verlust immer als das anzunehmen, was er gerade ist oder was er auslöst. Selbst wenn das bedeutet, zu akzeptieren, dass er auch etwas Positives sein kann. Das ist nicht falsch! Ganz im Gegenteil, es ist wichtig und gut, seinen Verlust auch als etwas Positives erfahren und annehmen zu können.
Das klingt für dich gerade möglicherweise wie kompletter Schwachsinn. Als man mir auf einem Trauerseminar erzählt hat, es sei möglich, seine Trauer eines Tages wie eine Perle wahrzunehmen, habe ich auch gedacht, man wolle mir einen Bären aufbinden.

Das Wunder der Perle von Sören Kahl

Man erzählt sich die Geschichte einer Perle hier am Strand.
Sie entstand in einer Muschel durch ein grobes Körnchen Sand.
Es drang ein in ihre Mitte und die Muschel wehrte sich.
Doch sie musste damit leben und sie klagte: Warum ich?

Eine Perle wächst ins Leben, sie entsteht durch tiefen Schmerz.
Und die Muschel glaubt zu sterben. Wut und Trauer füllt ihr Herz.
Sie beginnt es zu ertragen, zu ummanteln dieses Korn.
Nach und nach verstummt ihr Klagen und ihr ohnmächtiger Zorn.

Viele Jahre sind vergangen, Tag für Tag am Meeresgrund
schließt und öffnet sich die Muschel. Jetzt fühlt sie sich kerngesund.
Ihre Perle wird geboren. Glitzert nun im Sonnenlicht.
Alle Schmerzen sind vergessen, jenes Wunder jedoch nicht.

Jede Perle lehrt uns beten, hilft vertrauen und verstehn,
denn der Schöpfer aller Dinge hat auch deinen Schmerz gesehn.
Nun wächst Glaube, Hoffnung, Liebe, sogar Freude tief im Leid.
So entsteht auch deine Perle, sein Geschenk für alle Zeit.

Heute weiß ich, dass an der Geschichte etwas Wahres dran ist. Ich habe durch meinen Verlust viel über mich und mein Umfeld gelernt. Ich bin stärker und selbstsicherer geworden. Ich habe Entscheidungen getroffen, die ich mir ohne meine Erfahrung nicht zugetraut hätte, und ich habe den Mut und die Sicherheit gefunden, in meinem Leben immer das anzustreben, was mich wirklich glücklich macht. Ich strebe die beste Version meines Lebens an und werde nichts darunter akzeptieren.
Ich kann nicht für dich sprechen und weiß nicht, wie deine Perle aussehen wird, aber ich bin mir ganz sicher, dass du es eines Tages wissen wirst.

Trauer kreativ verarbeiten

Als meine Mutter sich das Leben nahm, hatte gerade das zweite Semesters meines Medienproduktion-Studiums begonnen. Am Ende des Semesters nutzte ich die ersten Arbeiten für zwei Fächer zur Trauerverarbeitung. Ich war so dankbar, dass ich nun die nötigen Werkzeuge hatte, um meine Trauer kreativ verarbeiten zu können. Wie ein Musiker ein Lied schreiben kann, um seine Gefühle zu verarbeiten, konnte ich nun zum Beispiel Filme drehen. Insgesamt entstanden während meines Studiums vier Arbeiten zu dem Thema: ein Kurzfilm, ein Animationskurzfilm zu dem Lied „Wolken" von Alin Coen Band, ein Feature und eine App.

Man kann aus allem Inspiration schöpfen und aus den traurigsten Geschichten können die bewegendsten werden. Vor allem aber tut es gut, seine Trauer durch eine kreative Arbeit zum Ausdruck zu bringen. Ich habe bei der Erstellung meiner Arbeiten für die Hochschule viel verarbeiten können und viel über mich und meine Trauer gelernt.

In dem Feature habe ich zum Beispiel den Moment, indem ich von Mamas Suizid erfahren habe, zum Thema gemacht. Der Moment, der mein Leben innerhalb einer Sekunde von Grund auf verändert hat. Auch jetzt, während ich diese Zeilen schreibe, schnürt mir der Gedanke daran die Kehle zu. Der Satz „Silke hat sich umgebracht" und die Gefühle, die dieser Satz in mir ausgelöst hat, haben sich in mein Gedächtnis eingebrannt. In den Tagen und Wochen danach habe ich diesen Moment wieder und wieder in meinem Kopf durchgespielt.

Genau das habe ich dann auch in dem Feature gemacht: den Moment eins zu eins durchgespielt. Freunde von mir haben die Sätze

meiner Familie eingesprochen, ich habe Hintergrundgeräusche dazugefügt und alles abgemischt. Dieser Prozess, das Geschehen aus meinem Kopf auf ein Medium zu projizieren, hat mir sehr bei der Verarbeitung geholfen. Statt passiv unter der Erinnerung zu leiden, bin ich aktiv geworden.
Das Feature behandelt außerdem das Thema „Schuld" und enthält einen Dialog zwischen Mama und mir, in dem sie mir die Schuld abnimmt. Ich habe mich damals zwar trotzdem noch lange Zeit schuldig gefühlt. Aber mich so intensiv mit der Schuldfrage auseinanderzusetzen – Mamas Standpunkt einzunehmen und mir zu überlegen, was sie sagen würde – war der erste Schritt für mich zu lernen, dass ich nicht schuld bin.
Während man im Feature noch klar meinen „Ich bin schuld"-Standpunkt erkennt, der erst durch den Dialog mit meiner Mutter gekippt wird, schwingt das Thema in dem Animationskurzfilm, der ein halbes Jahr später entstanden ist, nur unterschwellig mit. Ein Mädchen versucht, ihre Mutter von einer Regenwolke fernzuhalten. Sie schiebt und zieht ihre Mutter weg von der Wolke. Die Mutter wird jedoch immer schwächer, bis sie nicht mehr gehen kann und zusammenbricht. Die Regenwolke hat die beiden eingeholt und das Mädchen versucht verzweifelt, ihre Mutter wieder auf die Beine zu ziehen. Dabei rutscht sie jedoch ab und fällt hin. In dem Moment stirbt die Mutter. Das Mädchen hockt nun weinend vor einem Grab, steht dann auf und verlässt das Bild. Dabei folgt ihr die Regenwolke.
Das Mädchen hat also alles versucht, um ihre Mutter zu retten. Sie konnte nichts dafür, dass sie ausgerutscht und hingefallen ist. Man merkt hier, dass das Thema Schuld immer noch eine große Rolle für mich gespielt hat, dass ich aber schon bereit war, einzugestehen, im Endeffekt keinen Einfluss auf mein „Versagen" gehabt zu

haben. Dass ich alles in der Absicht getan habe, das Richtige zu tun und meiner Mutter zu helfen. Ich konnte nicht wissen, dass es dieses Ende nehmen würde.
Die unterschiedlichen Arbeiten haben mir also dabei geholfen, eine Entwicklung in meiner Trauer zu sehen und meine damaligen Gefühle zu konservieren. Wenn ich mir die Sachen heute ansehe oder anhöre, weiß ich noch genau, wie ich mich damals gefühlt habe, und stelle gleichzeitig fest, wie sich meine Gefühle verändert haben. Das ist wirklich interessant und hilft besonders in den Momenten, in denen ich denke, dass meine Trauer stagniert und sich gar nicht mehr verändert.

Filme drehen ist in der heutigen Zeit übrigens für jeden möglich. Sie müssen ja keine qualitativen Ansprüche erfüllen oder künstlerisch wertvoll sein. Schnapp dir einfach dein Smartphone und film drauf los. Dabei muss kein Hollywood-Blockbuster entstehen. Der Film ist ja nur für dich, du musst ihn niemandem zeigen. Er ist nur dafür gut, dich kreativ mit deinem Verlust auseinanderzusetzen und ein paar deiner Gefühle in bewegten Bildern auszudrücken und festzuhalten.

Natürlich kann man sich auch – ich habe es noch nicht oft genug gesagt – einen Stift und ein Blatt Papier schnappen und drauf los schreiben. Den folgenden Text habe ich ein Jahr nach dem Suizid meiner Mutter geschrieben.

Ein Jahr danach

Ein Jahr danach und es ist nicht wirklich besser.
Ein Jahr danach und du fehlst wie am ersten Tag.
Ein Jahr danach und verstanden habe ich es immer noch nicht.
Du sollst weg sein? Ich meine „weg" im Sinne von „Du kommst nicht mehr zurück"?
Nie mehr? Ich meine „nie mehr" im Sinne von „Wirklich? Nie wieder? Nie wieder mit dir reden? Nie wieder mit dir lachen? Ich werde dich nie wiedersehen?"
Na das soll mir mal einer erklären.
Wie soll einem das jemand erklären?
Wie soll einem das jemand verständlich machen?
Wie soll eine Tochter das verstehen?
Eine Mutter ist doch immer da.
Mütter sind unsterblich, das weiß doch jedes Kind!
Mütter lassen einen nicht im Stich, schon gar nicht du!
Du warst doch immer für mich da.
Aber im entscheidenden Moment war ich nicht da.
Und jetzt bist du nicht da. Und du wirst es auch nie wieder sein.
Du hast mich zurückgelassen. Allein.
Und irgendwie mach ich weiter, Schritt für Schritt, Tag für Tag.
Denn ich hab ja nur das eine Leben, auch wenn ich es jetzt nicht mehr mag.
Und ich hasse diese Frage, wie es mir denn geht.
Nicht, dass ich mich nicht freuen würde, wenn sich jemand um mich schert.
Ich hab nur keine Antwort, weil sich das eben nicht so leicht erklärt.
Gut, Schlecht, Geht so, Muss ja… ein Haufen leerer Phrasen.
Aber seien wir mal ehrlich, wer käme denn mit der Wahrheit zurecht?
Wer will denn die Wahrheit hören?
Sie wollen doch alle nur hören, dass ich schon zurechtkomme.
Dass es besser wird.

Zwischen Paprika und Toilettenpapier interessiert es doch keinen, dass nichts besser wird.
Was soll ich denn jetzt nur antworten?
Und warum heißt das hier überhaupt Supermarkt, wenn nichts super ist?
Zumindest geht's mir nicht super
und ne super Antwort finde ich hier auch nicht.
Super, super… Ich kann ja einfach sagen, dass es mir super geht.
Aber dafür ist es vermutlich schon zu spät,
weil mein verzweifelter Blick mich verrät.
Was soll ich denn jetzt nur antworten?
Ich kann doch nicht meine ganze Lebensgeschichte erzählen.
Die arme Frau hat ja Tiefkühlwaren im Wagen.
Die hat doch jetzt keine Zeit für mein Leid!
„Ich komm zurecht.", muss vorerst genügen,
damit wird sie sich schon begnügen.
Und seien wir mal ehrlich, manchmal muss man einfach lügen.

Es geht darum, aktiv etwas für seine Trauer zu tun. Der Trauer Ausdruck zu geben, damit sie ins Fließen kommt, und auch sich selbst in Bewegung zu bringen. Trauer ist ein dynamischer Prozess, Stillstand lässt uns versteinern.
Wenn du musikalisch bist, schreib ein Lied. Singe oder spiel ein Instrument. Du kannst auch etwas zeichnen oder malen. Schnapp dir Bleistifte, Kreide, Acrylfarben, Wasserfarbe oder wonach auch immer dir der Sinn steht. Erstelle eine Skulptur, zum Beispiel aus Speckstein, Salzteig oder töpfere etwas. Vielleicht fotografierst du auch gerne, dann versuche einen Ausdruck für deine Trauer in der Fotografie zu finden. Oder in Pflanzen, wenn dein Garten deine Leidenschaft ist.

Diese Liste könnte man endlos weiterführen, der Kreativität sind keine Grenzen gesetzt. Finde das, was dir persönlich am nächsten kommt und womit du dich am besten ausdrücken kannst.
Das Ergebnis muss nicht für jeden greifbar oder erkennbar sein. Es können auch abstrakte Skulpturen und Bilder entstehen. Lass dich einfach von deinen Gefühlen leiten. Wichtig ist nicht das Ergebnis, sondern der Prozess, den du bei der Herstellung durchlebst.

Anker und Lichtblicke

Zu der Frage „Wie kann ich weiterleben?" gehört auch, sich über die Zeit „vorher" und die Zeit „nachher" bewusst zu werden. Damit meine ich nicht nur, die beiden Phasen voneinander abzugrenzen, sondern auch, eine Verbindung zwischen ihnen zu schaffen. Versuche folgende Fragen für dich zu beantworten:

Was hat sich seit dem Suizid verändert? ....

....

....

....

....

....

Was ist gleich geblieben? ....

....

....

....

....

....

Wie habe ich mich durch den Verlust verändert? ....

....

....

....

....

....

Wo beeinflusst mich diese Erfahrung? ....

....

....

....

....

Was hat mir die Erfahrung (im positiven Sinne) gebracht? ....

....

....

....

....

....

....

....

Haben sich die Menschen in meinem Umfeld oder unsere Beziehung zueinander verändert? ....

....

....

....

....

....

....

....

Gibt es neue Bezugspersonen in meinem Leben? ....

....

....

....

....

....

Zu wem habe ich den Kontakt verloren und warum? ....

....

....

....

....

....

....

Es kann durchaus passieren, dass man den Kontakt zu ehemals sehr engen Freunden nach so einer Extremsituation verliert. Beste Freunde oder beste Freundinnen sind in dieser Situation nicht immer die besten Ansprechpartner. Manche Menschen brechen den Kontakt ab, weil sie nicht wissen, wie sie damit umgehen sollen. Bei anderen wirst du dich vielleicht nicht mehr melden, weil ihr euch auseinanderlebt.
Dafür wirst du neue Freundschaften aufbauen zu Personen, von denen du es nie erwartet hättest. Vielleicht entwickeln sich auch enge Beziehungen zu fremden Personen. Zum Beispiel zu Menschen, die etwas Ähnliches durchgemacht haben wie du.

Ich hoffe, bei der Beantwortung der Fragen bist du auf zweierlei gestoßen:

1. Es gibt Dinge, die sich seit dem Suizid nicht verändert haben.
2. Diese schlimme Erfahrung hat nicht ausschließlich negative Folgen.

Warum sind mir diese Punkte so wichtig?
Der Suizid unseres geliebten Menschen hat unser Leben auf den Kopf gestellt. Es tut höllisch weh. Wir sind verletzt, fühlen uns betrogen und alleingelassen. Zeitweise wissen wir weder vor noch zurück. Es ist wichtig, in dieser Zeit mindestens einen Anker und einen Lichtblick zu haben.

Meine Anker sind die Dinge, die heute noch genauso sind, wie vor dem Suizid. Dazu zähle ich einige meiner Freunde, mein Studium und meine Kommilitonen, das Haus, in dem ich wohne, das Wetter und die Liebe meiner Familie.

Ich bin dankbar für die Freundschaften, die sich nicht verändert haben. Freunde, die während der ganzen Zeit für mich da waren und mich nie anders behandelt haben als vor dem Suizid. Freunde, die nie den Kontakt zu mir gescheut haben. Natürlich habe ich auch andere Erfahrungen gemacht, das gehört dazu. Aber von den Freunden, die übrig geblieben sind, weiß ich jetzt genau, dass ich mich in jeder Lebenslage auf sie verlassen kann.

In meiner Hochschule herrschte nach dem Suizid genau der gleiche Alltag wie davor. Besonders in den ersten Wochen war es für mich wichtig, in diesen Alltag abtauchen zu können. So konnte ich mich wenigstens vorübergehend ablenken und hatte einen Ort, an dem „Normalität" herrschte.

Auch zuhause hatte sich nichts für mich geändert. Ich war bereits vier Jahre vor Mamas Suizid ausgezogen und lebte mit meinem damaligen Partner zusammen. Das Haus war wie mein Schutzbunker, indem ich mich weitestgehend sicher fühlte.

Ja, sogar das Wetter war ein Anker für mich. Mama nahm sich am 19. April das Leben. Für April war es sehr warm und sonnig. Ich lief den ganzen Tag in Flipflops und T-Shirt herum. An so einem traurigen Tag war das Wetter so unglaublich schön. Auch an den darauffolgenden Tagen scherte sich das Wetter nicht darum, dass ein Mensch gestorben war. Das erinnerte mich daran, dass die Welt sich weiterdrehte. Ob ich es wollte oder nicht. Alles würde seinen Gang nehmen. Es wurde Sommer, dann Herbst, dann Winter, dann wieder Frühling. In Windeseile war das erste Trauerjahr vorbei.

Und zu guter Letzt die Liebe meiner Familie. Meine Familie hat mir vom ersten Tag an klargemacht, dass sie für mich da sein werden und das gilt bis heute. Wenn ich Hilfe brauche, kann ich mich auf jeden von ihnen verlassen. Egal, worum es geht. Dafür bin ich sehr dankbar.
Dazu zählt für mich natürlich auch die Liebe meiner Mutter. Mit dem Tod eines geliebten Menschen verliert man vieles, doch die Liebe und die gemeinsam verbrachte Zeit wird uns immer bleiben. Wenn ich an sie denke, bin ich glücklich. Sie war die beste Mama, die ich mir hätte wünschen können. Sie hat alles dafür getan, dass es mir gut geht, und war immer für mich da. Ich spüre, dass Mama auch jetzt noch da ist und auf mich achtgibt.

Für viele ist auch ihr Glaube ein Anker. In schlechten Zeiten haben sich Menschen schon immer an Gott gewandt. Manche verlieren ihren Glauben aber auch durch so einen Schicksalsschlag. Mehr zum Thema Glaube und Spiritualität findest du im nächsten Abschnitt, ab Seite 259.

Meine Lichtblicke sind die positiven Dinge, die sich in meinem Leben direkt oder indirekt durch den Tod meiner Mutter ergeben haben. Das Selbstvertrauen und die Stärke, die ich aufgebaut habe. Die Freundschaften, die ich dazugewonnen habe.
Ähnlich wie die Perle. Aber Lichtblicke können auch pragmatischere Sachen sein: meine Katzen, meine berufliche Perspektive und dieses Buch.

Mir eine Katze anzuschaffen, war zwar auch schon vor Mamas Suizid geplant, aber ursprünglich sollte es nur eine sein. Nach ihrem Tod habe ich mich dann noch einmal ausführlicher damit beschäftigt und konnte den Gedanken nicht ertragen, dass das kleine Kätzchen alleine sein würde. Darum entschied ich, noch einen Kater dazu zu holen, und das war wirklich die beste Entscheidung. Die Beiden sind die besten Begleiter, die man sich nur wünschen kann, und füllen das Haus mit Leben und Liebe.

Mein berufliche Perspektive. Du magst dich im ersten Moment vielleicht fragen, was mein Beruf mit dem Tod meiner Mutter zu tun hat.
Meine Mutter hat mich erst verlassen, als ich alt genug war, um auf eigenen Beinen zu stehen. Sie hat aber nicht nur, was meine persönliche Entwicklung betrifft, eine gute Basis für mich geschaffen, sondern auch materiell. Sie hat dafür gesorgt, dass ich gut abgesichert bin. Sie hat einen Rahmen geschaffen, der es mir erlaubt, beruflich einen Weg zu gehen, den ich mir sonst nie hätte träumen lassen.
Ich habe lange gebraucht, um einen Berufszweig zu finden, der mich erfüllt. Mein Medienproduktions-Studium ist bereits mein dritter Anlauf. Ich bin meiner Mama unendlich dankbar dafür, dass ich durch sie eine berufliche Perspektive verfolgen kann, die mich glücklich macht.

Der letzte Punkt ist dieses Buch. Ich hatte schon immer den Wunsch, dass mal ein Buch von mir veröffentlicht wird. Sicherlich hatte ich dabei andere Themen im Kopf als Suizid, aber Fakt ist, dass es dieses Buch nicht gäbe, wenn mir nicht so etwas Schlimmes widerfahren wäre. Ich bin dankbar für die Möglichkeit, dieses Buch schreiben und meine Geschichte mit anderen Betroffenen teilen zu können.

Ich hoffe, dass du dein „Vorher" und dein „Nachher" näher beleuchten kannst und dabei auch für dich Anker und Lichtblicke findest.
Die Anker geben uns Halt und das Vertrauen, dass immer etwas bleibt, an das wir uns festhalten können.
Die Lichtblicke lassen uns nach vorne schauen und zeigen uns, dass unser Leben noch viel Positives für uns bereithält. Selbst in dem schrecklichsten Erlebnis kann man Glück finden, wenn man sich nicht davor verschließt.

„Happiness can be found, even in the darkest of times, if one only remembers to turn on the light."
(J.K. Rowling, Harry Potter and the Prisoner of Azkaban)

Meine Anker

Meine Lichtblicke

Glaube und Spiritualität

Wie ich schon an anderer Stelle geschrieben habe, glaubte ich früher nicht an ein Leben nach dem Tod. Der Tod war für mich das Ende unserer Reise, danach konnte es nichts mehr geben.
Der Tod meiner Mutter hat diese Ansicht geändert. Ich konnte und wollte nicht mehr glauben, dass wir mit unserem Tod aufhören zu existieren. Irgendetwas von uns muss unsterblich sein.
Heute glaube ich an unsterbliche Liebe und an eine unsterbliche Seele. Das entspricht vielleicht nicht dem klassischen Himmel, wie er in der Bibel steht, aber im Endeffekt geht es dabei doch um das gleiche: dass unsere Lieben noch da sind.
Wenn ich gefragt würde, ob ich an Gott glaube, würde ich verneinen. Aber ich glaube an das Schicksal. Daran, dass alles aus einem bestimmten Grund geschieht und dass sich früher oder später der Zweck dahinter und positive Folgen daraus zeigen.
Es ist eigentlich egal, welchen Namen ich meinem Glauben gebe. Auf das Wesentliche heruntergebrochen, geht es darum, dass alles einen Sinn hat.
Der Kern des Glaubens ist Liebe und wer möchte schon ein Leben ohne Liebe?
Für mich ist dabei nicht entscheidend, ob man regelmäßig in der Bibel liest und zur Kirche geht, sondern wie man sein Leben generell ausrichtet. Dass man es in einer liebenden Absicht führt, statt Sünden zu zählen und Ave-Marias zu beten. Selbstliebe, Nächstenliebe, Heimatliebe, Schöpferliebe, Elternliebe, Geschwisterliebe, Freiheitsliebe, Menschenliebe, Lebensliebe.

Direkt nach Mamas Suizid konnte ich nicht an das Schicksal glauben. Manche Menschen verlieren ihren Glauben durch schwere

Schicksalsschläge. So ging es auch mir. Welchen Sinn sollte der Tod meiner Mutter haben?!

Es hat ungefähr ein Jahr gedauert, bis ich meinen Glauben und mein Vertrauen ins Leben wiedergefunden habe. Heute weiß ich, dass Mama nicht ohne Grund gegangen ist. Sie hat sich damit befreit und ihrer Seele Frieden beschafft. Ich bin dadurch stärker geworden und habe wieder einen Blick für die wirklich wichtigen Dinge im Leben bekommen, statt mich über Kleinigkeiten aufzuregen. Ich gehe heute viel entspannter mit Problemen um und mache mich nicht mehr wegen jeden bisschens verrückt. Mein höchstes Ziel ist es, ein glückliches Leben zu führen, für mich und meine Mama. Dafür erfülle ich mir auch beruflich Wünsche, die ich mir früher nie erträumt hätte.

All dies sind Dinge, die sich durch den Tod meiner Mutter ergeben haben.

So habe ich meinen Glauben wiedergewonnen: Selbst hinter den schlimmsten Ereignissen lässt sich irgendwann ein Zweck erkennen.

In Kapitel 3, unter *„Kommunikation mit Trauernden"* habe ich geschrieben, dass man dem Trauernden keinen Glauben aufzwingen soll. Das will ich hier auch gar nicht bezwecken. Mir ist egal, woran du glaubst oder ob du überhaupt an etwas glaubst. Solange es dir damit gutgeht.

Ich möchte dir nur zeigen, dass Glaube jeglicher Form – egal woran man glaubt – eine Stütze sein kann. Auch wenn du ihn gerade verloren hast; er wird zu dir zurückkommen.

Zum Glauben gehört für mich auch Spiritualität. Wie bereits geschrieben, habe ich vor Mamas Suizid nicht an ein Leben nach dem Tod geglaubt. Das war aber nicht immer so. Als Kind und als Teen-

ager hatte ich eine Affinität zum Jenseits. Ich habe zum Beispiel mit Freundinnen Gläserrücken gespielt, um Kontakt zu meinen Vorfahren aufzunehmen.
Ich habe mich auch schon immer für Rückführungen interessiert, bei denen man durch Erinnerungen an frühere Leben seiner Seele, aktuelle psychische und physische Probleme lösen können soll.
Diese Aufgeschlossenheit gegenüber spiritueller Verbindung zu Verstorbenen half mir dabei, offener gegenüber Mamas Tod eingestellt zu sein und mich nicht zu scheuen, Kontakt zu ihr aufzunehmen. Zum Beispiel durch einen inneren Dialog, wie ich ihn ab Seite 184 unter *„Offene Fragen"* beschreibe.

Ich weiß nicht, wie offen du gegenüber dem Thema Spiritualität bist. Vielleicht kannst du nichts damit anfangen. Vielleicht hast du dich bisher einfach noch nicht damit beschäftigt.
Falls es dich interessiert, halte ich Yoga für einen guten Einstieg. Yoga verbindet Sport mit Spiritualität und bringt Körper, Geist und Seele in Harmonie miteinander. Man soll sich ihrer Einheit wieder bewusst werden. Dazu werden beim Yoga Körperübungen, Atemübungen, Entspannung und Meditation kombiniert.
Mir hat Yoga geholfen, meine Lebensqualität zu steigern. Ich habe immer Probleme mit zu viel Stress, besonders in Prüfungsphasen. Seitdem ich regelmäßig zum Yoga gehe, geht es mir viel besser. Ich bin weniger gestresst, ausgeglichener und habe mehr Energie. Yoga macht Spaß und fördert die Gesundheit. Die meisten Krankenkassen zahlen dir sogar einen Zuschuss zu den Kosten.

Besonders schwere Zeiten

In einem Artikel habe ich einmal gelesen, dass Töchter ohne Mütter ihr Leben lang trauern. Die Sehnsucht nach der eigenen Mutter höre nie auf.
Ich würde es nicht ganz so drastisch formulieren. „Ein Leben lang trauern" klingt so, als würde man nie wieder glücklich werden, und das ist nicht der Fall. Was aber definitiv stimmt ist, dass es Situationen gibt, in denen man auch nach Jahren noch trauert. Zum Beispiel bei seiner Hochzeit oder der Geburt eigener Kinder.
Ich kann mir im Moment nicht vorstellen, einmal Kinder zu haben. Das liegt aber mehr an der generellen Vorstellung, wie ich mein Leben leben möchte als an dem Suizid meiner Mutter. Trotzdem ist auch das ein Thema, bei dem mir ihr Verlust schmerzlich bewusst wird.
Meine Mutter wollte immer Enkelkinder haben. Ich weiß, dass sie eine genauso großartige Oma gewesen wäre, wie sie eine großartige Mutter war. Meine potenziellen Kinder hingegen würden das nie erfahren. Egal, wie viel ich ihnen von ihrer Oma erzählen würde, sie würden nie richtig verstehen können, was für ein besonderer und toller Mensch sie war. Wir würden auch nie alle zusammen in den Urlaub fahren, meine potenziellen Kinder würden nie von ihr zum Kindergarten oder zur Schule gebracht werden, Mama würde keine ihrer Aufführungen besuchen, meine Kinder würden keine liebevoll ausgesuchten Geschenke von ihr auspacken, nie heimlich Geld von ihr zugesteckt bekommen und keine ihrer Geschichten jemals aus ihrem Mund hören.
Dann verstehe ich das: dass die Sehnsucht niemals aufhört. Dass sich in wichtigen Situationen immer wieder das Gefühl der Hilflosigkeit und Einsamkeit einstellen soll. Dass wir immer wieder neu

verzeihen müssen, dass unsere Lieben nicht da sind. Dass die Trauer immer wieder von Neuem beginnen wird. Der Schmerz über den Tod der eigenen Eltern oder der eigenen Kinder verliert nicht an Intensität. Wir lernen, damit zu leben, und wir trauern mit der Zeit seltener, aber wenn wir uns auf die Trauer einlassen, dann merken wir, dass ihre Qualität immer gleichbleibt.
Ich habe gelernt, das wertzuschätzen. Ich bin froh, dass die Quantität meiner Trauer abgenommen hat, sodass ich ein normales und glückliches Leben führen kann. Ich bin aber genauso froh, dass die Qualität meiner Trauer nicht abgenommen hat. Sodass ich nie vergesse, wie wichtig meine Mutter für mich war und ist und wie stark unsere Verbindung ist.

Besonders schwere Zeiten sind zum Beispiel:

- Hochzeiten
  (die eigene oder z.B. die des verbliebenen Elternteils)

- Schwangerschaft und Geburt

- Schul- und Studiumabschlüsse

- Einstieg ins Berufsleben, Beförderungen, etc.

- generell Meilensteine, die man erreicht

- Todestage

- Geburtstage
  (der eigene oder der des Angehörigen)

- Familienfeiern
- Weihnachten
- Silvester und Neujahr
  (besonders der 1.1. im ersten Jahr ohne den Angehörigen
- Wenn man etwas macht, das man mit dem anderen zusammen geplant oder oft gemacht hat (z.B. bestimmte Urlaubsziele)
- Wenn man weitere Verluste erlebt
- generell eigene Krisenzeiten

An Familienfeiern tut es mir weh zu sehen, dass die Familie immer kleiner wird. Ich muss an die Runde denken, die wir früher waren, und wer seitdem alles gegangen ist. Darum finde ich es schön, wenn neue Menschen dazustoßen. Zum Beispiel neue Partner und deren Familien. Irgendwann werden vielleicht neue Kinder dazukommen.
Die Familie hat sich verändert und wird nie wieder in der Konstellation bestehen wie früher. Aber neue Menschen bringen auch neues Leben und neue Liebe mit sich.
Trotzdem muss ich sagen, dass die schlimmste Zeit des Jahres für mich die letzte Dezemberwoche ist: Weihnachten und Silvester.
Auch wenn ich dankbar für die neuen Menschen in meinem Leben bin, an Weihnachten vermisse ich die fehlenden Familienmitglieder einfach zu sehr. Allen voran natürlich meine Mutter. Überall liest und hört man, dass Weihnachten die Zeit der Liebe und der Familie ist. Die Werbung ist voll mit kitschigen Spots und auf Face-

book postet jeder, wie schön es ist, zuhause bei seinen Liebsten zu sein. Das tut weh, wenn einem der liebste Mensch fehlt.
Die ersten zwei Jahre nach dem Suizid meiner Mutter bin ich auf die Kanaren geflohen, wo man weniger mitbekommt, dass Weihnachten ist. Bunte Plastikbäume mit übertrieben kitschiger Dekoration lösen nicht unbedingt Erinnerungen an ein besinnliches Weihnachtsfest in mir aus. Jetzt versuche ich, mich langsam wieder mit Weihnachten anzufreunden, da man dem Ganzen in Deutschland ja leider eher weniger entkommen kann. Ich denke, dass ich irgendwann wieder ganz gut damit zurechtkommen werde, die „schönste Zeit des Jahres" wird es aber sicherlich nicht mehr für mich werden.
Direkt im Anschluss folgen dann natürlich noch Silvester und Neujahr. Jedes neue Jahr, das ohne meine Mutter beginnt, versetzt mir einen Stich. Am schlimmsten war der 1.1. des ersten Jahres ohne meine Mutter. In dem Jahr, in dem sie gestorben war, hatte sie zumindest eine Zeit lang gelebt. Doch dann fing ein Jahr an, in dem sie nicht einen einzigen Tag leben würde. Und jedes neue Jahr trägt das Jahr, in dem sie noch gelebt hat, immer weiter von mir fort. Das macht mir Angst. Aber gleichzeitig weiß ich, dass es gut ist, dass die Zeit weiterläuft und die Erde sich weiterdreht.

Zeiten, in denen dich deine Trauer wieder besonders stark einholt, sind zwar schmerzhaft, aber gleichzeitig heilend. Hab keine Angst davor, wenn dich deine Erinnerungen und Gefühle in diesen Situationen übermannen, das ist ganz normal. Versuche einfach, sie zuzulassen, erlebe sie und lass sie dann wieder ziehen. Probiere, sie weder im Vorhinein zu blockieren noch am Ende an ihnen festzuhalten. Blockieren und Festhalten sorgen für Stillstand und Stillstand ist in der Trauerbewältigung nicht gut.

Wenn Tage wie Geburtstage, Weihnachten etc. schwierig für dich sind, versuche an ihnen nicht alleine zu sein. Umgib dich mit Menschen, die dir guttun und die deine Situation verstehen. Vor allem: Verbringe die Zeit so, wie du möchtest. Es soll dir möglichst gut gehen. Wenn du deinen Geburtstag feiern willst, dann feiere ihn. Wenn nicht, dann nicht. Wenn du an Heiligabend lieber im Skiurlaub sein möchtest, dann fahr in den Skiurlaub. Es wird immer Menschen geben, denen nicht passt, was du machst. Menschen, die bestimmte Erwartungen an dich haben. Aber du musst diese Erwartungen nicht erfüllen, wenn sie dir nicht guttun.
Ich möchte natürlich nicht, dass du zu einem Egoisten wirst, der mit Scheuklappen durch die Gegend läuft und den seine Mitmenschen nicht interessieren. Aber im Moment zählen in erster Linie nur du und dein Wohlergehen.

Von Lydia habe ich einige Ideen, wie du die schweren Zeiten im Andenken an deinen Angehörigen gestalten kannst und welche Rituale dabei helfen können, sie besser zu überstehen.
Die Wahrnehmung und das Erleben dieser Zeiten, hängt jedoch von jedem Einzelnen ab: von seiner Persönlichkeit, seinem Alter, seiner Beziehung zum Verstorbenen etc. Ob und welche dieser Impulse dir also helfen können, hängt von dir ab.

Hochzeit. Bei der Hochzeit ist es wichtig, dass der verstorbene Angehörige miteinbezogen wird.
Zum Beispiel sollte der Vater oder die Mutter den verstorbenen Elternteil in der Hochzeitsrede erwähnen und eventuell sogar stellvertretend für ihn ein Geschenk überreichen. Das ist auch nach über 20 Jahren noch wichtig für die Kinder des Verstorbenen.

Geburt. Wenn du Kinder bekommst, ist es schön für sie, wenn es ein „Oma/Opa-Buch" oder ein „Tante/Onkel-Buch" gibt. Mit Texten und Bildern. Es ist eine schöne Wertschätzung des Verstorbenen, wenn über ihn und das gemeinsame Leben ein Buch angefertigt wird.

Abschlüsse. Auch hier ist es wichtig, dass zum Beispiel der Vater oder die Mutter stellvertretend für den verstorbenen Elternteil einen Brief schreibt oder ein Geschenk übergibt. Auch andere verstorbene Angehörige können auf diese Weise mit in die Feierlichkeiten einbezogen werde.

Geburtstag und Todestag des Verstorbenen. Diese Tage sollten dem geliebten Menschen gewidmet werden. Man kann Luftballons mit Wünschen losschicken oder Wunderkerzen entzünden.
Man kann mit der Familie oder mit Freunden zum Grab gehen und jeder erzählt von seinen Erinnerungen und Erlebnissen mit dem Verstorbenen.
Man kann für den Angehörigen im Garten seinen Lieblingsbaum oder -strauch pflanzen oder sogar einen „Lieblingsplatz" mit Bank einrichten.
In den Baum können kleine, bunte Fähnchen oder Bänder mit Wünschen und Grüßen für den Verstorbenen gehängt werden, die der Wind dann zu ihm trägt.

Winter. In der dunklen Jahreszeit kann man auf der Terrasse oder am Fenster ein Licht für seinen geliebten Menschen aufstellen.

Weihnachten. An Weihnachten kann aus dem Weihnachtsbaum ein geschmückter Zweig zum Grab gebracht werden. So schafft man eine Verbindung zwischen dem Weihnachtsfest daheim und dem Friedhof. Zudem symbolisiert die freie Stelle am Baum, dass ein geliebter Mensch fehlt.

Silvester. An Silvester kann man eine Nachricht für seinen Lieben an eine Rakete binden und sie zu ihm in den Himmel schießen.

Reisen. Oft machen sich Trauernde auf den Weg, um Reisen anzutreten, die der Verstorbene noch machen wollte oder die man zusammen geplant hat. Die Erlebnisse kann man dann zum Beispiel in Form von Fotos mit seinem Lieben teilen und sie ihm auf sein Grab legen oder einen Reise-Blog schreiben, der ihm gewidmet ist.
Am Meer kann man eine Flaschenpost an seinen geliebten Menschen abschicken.

Generell. Man kann dem Verstorbenen bei Bedarf einen Brief schreiben, der zum Grab oder an eine andere Stelle gebracht, vergraben oder verbrannt werden kann.

Gefühlskalender

Im Gefühlskalender kannst du eintragen, welches Gefühl im Verlauf des Tages das vorrangige war. Das kannst du zum Beispiel in Worten oder Smileys ausdrücken.
Im ersten Moment mag dir das vielleicht albern und sinnlos vorkommen, besonders wenn sich anfangs die negativen Smileys häufen und du dich fragst, wofür es gut sein soll, jeden Tag aufzuschreiben, dass es dir schlecht geht.
Die Idee dahinter ist, dass du so auf lange Sicht sehen wirst, wie sich langsam, aber stetig etwas an deiner Gefühlslage ändert. Am Anfang ist es vielleicht nur ein glücklicher Smiley pro Monat, dann einer pro Woche und irgendwann gibt es mehr glückliche als traurige Smileys. Wenn du anfängst, die langsame Veränderung wahrzunehmen und realisierst, dass die glücklichen Tage sich tatsächlich nach und nach häufen, gibt dir das hoffentlich den nötigen Aufschwung und die Kraft, danach zu streben, noch viel mehr glückliche Tage zu haben.

Deine Gefühle können auch Aufschluss darüber geben, in welcher Trauerphase du dich gerade befindest. Mehr über die Phasen findest du in Kapitel 3 unter „Phasen der Trauer". Versuche nachzuvollziehen und notiere, in welcher Phase du dich wann befindest. So wirst du feststellen, dass wir die Phasen nicht linear durchlaufen, sondern immer wieder zwischen den Phasen hin- und herwechseln. Das ist ganz normal und gehört zum Trauerprozess dazu.

Mein Gefühlskalender

Monat:

1		17	
2		18	
3		19	
4		20	
5		21	
6		22	
7		23	
8		24	
9		25	
10		26	
11		27	
12		28	
13		29	
14		30	
15		31	
16			

Monat:

1		17	
2		18	
3		19	
4		20	
5		21	
6		22	
7		23	
8		24	
9		25	
10		26	
11		27	
12		28	
13		29	
14		30	
15		31	
16			

Monat:

1		17	
2		18	
3		19	
4		20	
5		21	
6		22	
7		23	
8		24	
9		25	
10		26	
11		27	
12		28	
13		29	
14		30	
15		31	
16			

Monat:

1		17	
2		18	
3		19	
4		20	
5		21	
6		22	
7		23	
8		24	
9		25	
10		26	
11		27	
12		28	
13		29	
14		30	
15		31	
16			

Monat:

1		17	
2		18	
3		19	
4		20	
5		21	
6		22	
7		23	
8		24	
9		25	
10		26	
11		27	
12		28	
13		29	
14		30	
15		31	
16			

Monat:

1		17	
2		18	
3		19	
4		20	
5		21	
6		22	
7		23	
8		24	
9		25	
10		26	
11		27	
12		28	
13		29	
14		30	
15		31	
16			

Mein neues Leben

„It's impossible," said pride.
„It's risky," said experience.
„It's pointless," said reason.
„Give it a try," whispered the heart.
(Unbekannt)

Gib dem Leben eine Chance.
Unser Leben wird nie wieder so sein wie vor dem Suizid unseres geliebten Menschen. Es hat sich verändert.
Das kann man auch positiver formulieren, denn Veränderung bedeutet auch, etwas Neues zu erschaffen.
Wir haben jetzt ein neues Leben.
Das gibt uns die Chance, unser bisheriges Leben einmal genauer zu durchleuchten und herauszufinden, was wir gerne ändern möchten. Wie willst du von nun an leben?

Der Verlust meiner Mutter hat mir wieder die Augen für die wirklich wichtigen Dinge im Leben geöffnet. Ich rege mich weniger über Kleinigkeiten auf und bin besser in der Lage, das große Ganze zu sehen. Ich weiß, dass ich die beste Version meines Lebens leben möchte und dass ich meine Zeit mit so vielen positiven Erlebnissen füllen möchte, wie es nur geht.
Mein Bewusstsein für die eigene Endlichkeit wurde gestärkt und ich möchte die Zeit, die ich hier auf Erden habe, so gut wie nur möglich nutzen.

Was willst du mit deiner Zeit anfangen? Mach dich auf den Weg und nutze sie, fülle sie mit Leben. Tu aktiv etwas für deine Trauer,

gib ihr Ausdruck, damit sie ins Fließen kommt. Schreib Gedichte, male Bilder, komponiere Musik. Oder mach etwas ganz anderes. Finde einen Ausdruck, der zu dir passt.
Bring dich selbst in Bewegung, zum Beispiel indem du Sport machst. Yoga ist eine hervorragende Mischung aus Sport und Spiritualität. Mehr dazu kannst du auf Seite 261 lesen.
Trauerarbeit ist ein dynamischer Prozess, versteinere nicht.
Nimm deine Lebensfäden wieder auf, indem du in den Alltag einsteigst und deine Freizeit gestaltest. Gehe den Unternehmungen und Hobbies nach, die dir am meisten Spaß machen. Das dürfen auch Dinge sein, die der Verstorbene gerne gemacht hat, du musst kein schlechtes Gewissen deswegen haben.
Fahre in den Urlaub, unternimm etwas an Feiertagen. Ganz wichtig dabei ist: Erlaube dir selbst zu lachen! Erlaube dir, dass es dir gutgeht! Erlaube dir, Spaß zu haben! Erlaube dir, am Leben teilzunehmen!
Du trauerst nicht nur, wenn du traurig bist. Sei nicht so hart zu dir selbst. Niemand erwartet von dir, rund um die Uhr traurig zu sein. Du darfst und du sollst wieder Spaß am Leben haben. Erlaube dir, glücklich zu sein! Erlaube dir, die nächsten Schritte zu gehen, und sorge gut für dich.
Mach etwas Verrücktes, das du noch nie zuvor gemacht hast und dir nie zugetraut hättest. Überwinde dich.

Wenn du Rituale zur Trauerverarbeitung einführen möchtest, finde deinen eigenen Rhythmus dafür. Das kann einmal im Tag, in der Woche oder im Monat sein. Jeder trauert in seinem eigenen Rhythmus. Die einen schneller, die anderen langsamer. Wichtig ist nur, dass du einen festen Termin hast, um der Trauer Raum und Zeit zu geben.

Diese Rituale können zum Beispiel Gespräche mit dem Verstorbenen zum Inhalt haben. Du kannst ihm von deinem Tag erzählen oder über ihn und deine Gefühle schreiben. Die Rituale können an einem Ort stattfinden, den du mit deinem geliebten Menschen verbindest oder einfach an einem Ort, an dem du deine Ruhe hast und dich wohlfühlst. Spazieren gehen ist auch eine Möglichkeit. Vielleicht fühlst du dich in der Natur wohler als in einem Raum. Generell solltest du dafür sorgen, dass du jeden Tag mindestens einmal an der frischen Luft bist.
Du kannst dabei Musik hören, wenn du möchtest. Mir hilft Musik, um mich in die richtige Stimmung zu bringen. Aber auch Entspannungsübungen oder ein ausgiebiges Bad können helfen, um den Stress des Alltags hinter dir zu lassen und dich voll und ganz auf dich und deine Trauer konzentrieren zu können.
Schau einfach, was dir guttut und was dir am meisten hilft.

Finde Kraftquellen. Das können zum Beispiel Menschen, Orte, Dinge oder Unternehmungen sein. Umgib dich mit Menschen, die dir guttun. Trenne dich von denen, bei denen du dich unwohl fühlst. Besuche Orte, an denen du gerne bist. Iss dein Lieblingsessen. Gehe deinem Lieblingshobby nach.
Alles, was dir Kraft gibt, verschreibe ich dir in höchster Dosis.
Alles, was dir Kraft nimmt, versuche bitte so gut es geht zu meiden.
Deine Kraftquellen kannst du auch mit dem geliebten Menschen verknüpften, den du verloren hast. Wenn du in den Urlaub fährst, bring ihm zum Beispiel etwas wie Muscheln oder Sand mit und lege es auf das Grab. Schreib eine Flaschenpost und wirf sie ins Meer oder falte ein Bötchen daraus. Mach Fotos von deinen Lieblingsorten und bringe sie dem Verstorbenen mit.

Es gibt viele Möglichkeiten, die positiven Dinge in deinem Leben mit deinem lieben Menschen zu teilen, auch wenn er nicht mehr da ist. Du musst nur etwas kreativ werden.

Gibt es bestimmte Worte des Verstorbenen, die dich begleiten? Redewendungen, die er benutzt hat oder Zeilen aus seinem Lieblingslied, das er immer laut mitgesungen hat? Verschriftliche sie, z.B. auf den Karten am Ende dieses Kapitels. Du kannst sie ausschneiden und die Karte in dein Portemonnaie stecken, um sie immer bei dir zu haben.

Deine Gefühlslage ist schwankend, das ist ganz normal. Mir geht es auch immer mal wieder kurzzeitig schlechter. Aber wichtig ist zu wissen, dass das vorbeigeht.
Wie gesagt, trauert jeder in seinem eigenen Rhythmus. Du musst keinen Rekord aufstellen, trauere einfach in der Geschwindigkeit, die dir am nächsten kommt. Jedes Trauergeschehen kann unterschiedlich verlaufen. Es gibt nicht „den einen" richtigen Verlauf oder „das eine" typische Gefühl.
Darum möchte ich dir auch keine Struktur vorgeben, die dann möglicherweise nicht zu deinem Tempo passt. Jeder hat sein eigenes Tempo und jeder legt unterschiedliche Pausen ein.
Ich möchte dich stattdessen dazu anhalten, dir deine eigene Struktur für die nächsten Wochen und Monate zu schaffen. Wenn du möchtest, kannst du dafür den Gefühlskalender aus dem letzten Abschnitt nutzen. Lege Zeiten für Arbeit, Freizeit und Trauer fest und achte darauf, alles im Gleichgewicht zu halten. Mute dir besonders anfangs nicht zu viel Arbeit zu und nimm dir ausreichend Pausen. Horche immer wieder in dich hinein, um herauszufinden was es ist, das du gerade brauchst. Nur das zählt.

Ich hoffe wirklich, dass dieses Buch dir helfen konnte. Dass du es immer mal wieder herausholst und etwas in dem ein oder anderen Kapitel nachliest. Dass du die leeren Seiten füllst.
Ich habe meine Geschichte mit dir geteilt, weil ich selbst festgestellt habe, dass mir der Austausch mit anderen am besten hilft. Wir sind nicht alleine.
Ich wünsche mir, dass es dir Hoffnung macht, dass ich trotz des Suizids meiner Mutter heute wieder ein glückliches Leben führe und dass du deine Tür ebenfalls dafür offenhältst.
Du hast noch einen Weg vor dir, aber ich bin mir sicher, dass du ihn meistern wirst. Zögere nicht, um Hilfe zu bitten, wenn du sie benötigst und vergiss nicht: Du bist nicht alleine.

Das Leben ist schön von Sarah Connor

Zusammenfassung

- Du wirst wieder glücklich sein.
- Pass auf, dass du nicht in eine Depression abrutscht, achte auf die Warnzeichen. Such dir notfalls professionelle Hilfe.
- Weiterleben ist erlaubt!
- Gib deiner Trauer ausreichend Zeit und Raum.
- Führe Rituale ein, wenn du möchtest.
- Sei dafür offen, dass etwas Positives aus deiner Trauer entstehen kann.
- Setze dich aktiv und kreativ mit deiner Trauer auseinander. Jede Trauer verläuft unterschiedlich.
- Finde Anker und Lichtblicke. Anker sind die Dinge, die heute noch genauso sind wie vor dem Suizid, Anker geben dir Halt.
  Lichtblicke sind die positiven Dinge, die sich durch den Tod deines geliebten Menschen ergeben haben, Lichtblicke lassen dich nach vorne schauen.
- Glaube, egal in welcher Form, kann eine Stütze sein.
- Dein Glaube wird zu dir zurückkommen.

- Verbringe besonders schwere Zeiten so, wie du es am liebsten willst, es geht in erster Linie um dich und dein Wohlergehen.
  Verbringe diese Zeiten auch im Andenken an deinen geliebten Menschen.

- Ein Gefühlskalender zeigt dir, wie deine Trauer sich im Verlauf der Wochen und Monate entwickelt.

- Gib dem Leben eine Chance und gestalte dein neues Leben so, wie du es willst. Erlaube dir am Leben teilzunehmen und glücklich zu sein!

- Finde neue Kraftquellen.
  Alles, was dir Kraft gibt, verschreibe ich dir in höchster Dosis.

- Erstelle dir eine Struktur für die nächsten Wochen und Monate, in der du Zeiten für Arbeit, Freizeit und Trauer festlegst. Achte darauf, dass alles im Gleichgewicht ist. Nimm dir ausreichend Pausen.

- Du bist nicht allein.

- Eigene Gedanken: ....

....
....
....
....
....

Worte meines geliebten Menschen

Danksagung

Ich möchte mich zuallererst bei meiner Familie bedanken.
Danke, **Mama**, für die Liebe, die du mir mit auf den Weg gegeben hast. Danke, dass du so lange durchgehalten hast. Ich liebe und vermisse dich.
Danke, **Papa**, dass du immer für mich da bist und dich um jedes meiner Probleme kümmerst. Danke, dass ich mich immer auf dich verlassen kann.
Danke an meine **Oma**. Ich weiß, dass du Mama genauso sehr vermisst wie ich.
Danke an **Lutz, Andrea, Rosi, Bärbel, Rainer, Harald, Heike, Basti, Christian, Birgit** und **Renate**. Ich weiß, dass jeder von euch für mich da ist, wenn ich ihn brauche.

Danke an **Lydia Willemsen**. Du hast mich in der schwersten Zeit meines Lebens begleitet und begleitest mich noch heute. Dank deiner Worte und Impulse, dank der unzähligen Gespräche, die wir geführt haben, habe ich meinen Weg zurück ins Leben gefunden. Dafür kann ich dir gar nicht genug danken. Du bist der liebevollste Mensch, den ich kenne. Egal ob Weihnachten, Todestage, Geburtstage, Prüfungsstress oder zur Fertigstellung dieses Buches: Immer wieder haben mich so wundervolle Briefe und Geschenke von dir erreicht, dass ich es kaum glauben konnte. Du nimmst dir so viel Zeit für andere Menschen und deine Nachrichten kommen immer von Herzen. Vielen Dank, dass du so ein besonderer Mensch und so ein Geschenk für mich bist! Ohne dich würde es auch dieses Buch nicht geben, da du erst den Kontakt zum Bonifatius Verlag hergestellt hast. Vielen Dank. Nicht zuletzt hast du mir auch bei der Erstellung dieses Buches sehr geholfen und mir viele nützliche Tipps und Ideen gegeben. Danke auch dafür.

Danke an **Michelle Behne**. Neben Lydia warst du die Erste, die mein Buch gelesen hat. Danke, dass du dir die Zeit dafür genommen hast und danke für deine vielen Anmerkungen. Es ist kein Zufall, dass wir so ein ähnliches Schicksal teilen. Ich bin sehr froh, dass ich dich kennenlernen durfte und so einen besonderen Menschen wie dich in meinem Leben haben darf. Danke, dass du meine Freundin bist.

Danke an **Claudia Auffenberg**. Dafür, dass du an mich und an dieses Buch glaubst. Im großen Pool der Trauerliteratur kann man schnell untergehen. Ich wollte ein besonderes Buch schreiben, das sich von anderen abhebt. Ob mir das gelungen ist, wird sich erst noch herausstellen. Aber mit dir hatte ich jemanden an meiner Seite, die an meine Idee geglaubt und mich immer wieder ermutigt hat. Vielen Dank.
Danke nicht nur an dich, sondern an den gesamten **Bonifatius Verlag**, dass ihr meinen Traum wahr werden lasst und mein Buch veröffentlicht.

Danke an alle Freunde, die heute noch genauso an meiner Seite stehen wie vor meinem Schicksalsschlag. Ich weiß, dass das nicht selbstverständlich ist. Stellvertretend möchte ich meinen beiden langjährigsten Freunden danken: **Verena Fischer** und **Florian Buchholz**. Danke, dass ihr mich schon fast mein ganzes Leben lang begleitet und wir uns nie aus den Augen verloren haben.

Danke an **Christoph Franke**. Während ich dieses Buch geschrieben habe, gab es immer wieder Zeiten, in denen ich nicht alleine sein konnte, und jedes Mal warst du da.

Danke an **Simon Fischer**. Du warst am schlimmsten Tag meines Lebens an meiner Seite und hast mich das gesamte erste Trauerjahr begleitet. Danke, dass du auch heute noch einer der wichtigsten Menschen in meinem Leben bist.

Danke an **Marei Annis**. Als ich an mir gezweifelt habe, hast du mir mein Vertrauen in mich selbst wiedergegeben und mir gezeigt, warum ich die richtige Person bin, um dieses Buch zu schreiben

Danke an Mamas Freundinnen, **Brigitte, Ulrike, Elke, Bettina** und **Carmen**. Ich weiß, dass ihr Mama auch niemals vergessen werdet. Danke, dass wir über sie sprechen können und ihr immer wieder neue Geschichten zu erzählen habt. Danke, dass ihr da seid.

Zu guter Letzt danke an **AVA – All Visions Align**. Dank unserer Vision kann ich wieder voller Vorfreude in die Zukunft sehen. Danke, dass ich in jedem von euch nicht nur einen großartigen Kollegen, sondern auch einen wunderbaren Freund gefunden habe.

Maira Stork
Schlangen, am 30.01.2018